賀川豊彦
「助け合いの社会」を目指した功績を知る

編集／日本生活協同組合連合会
監修／賀川豊彦記念松沢資料館

はじめに

　本書を手に取っていただき、どうもありがとうございます。この本は、社会活動家であり、ノーベル平和賞・文学賞の候補にもなった賀川豊彦について学ぶ「入門書」です。特に、賀川のことをほとんどご存じない若い皆さんに読んでいただきたいという思いで発行しました。

　賀川は大正から昭和にかけて、キリスト教の布教と社会改革のための運動を精力的に推進した人物です。しかし、日本の歴史から忘れ去られたといっても過言ではないほど、現在では認知度が低く、協同組合に関係する人びとの中にも、賀川のことが知られていない現状があります。

　賀川の残した功績は、枚挙にいとまがありません。協同組合運動、農民運動、労働運動、防貧活動、災害復興支援ボランティア、平和運動……。そして活動の舞台は日本国内にとどまらず、世界にその名を残しています。
　本書では、その数ある賀川にまつわるエピソードを厳選して収載しました。

　賀川は、協同組合を「一口に言うと助け合いの組織」と述べており、その「中心思想」を以下の七つの言葉で表現しています。
　① 利益共楽（利益の分かち合い）
　② 人格経済（人間尊重の経済社会）
　③ 資本協同（資本をみんなで出し合う）
　④ 非搾取（共存共栄の社会づくり）
　⑤ 権力分散（すべての人に人としての権力の保障）
　⑥ 超政党（特定政党に偏らない生活者視点からの主張）
　⑦ 教育中心（豊かな生活のための教育の必要性）

この考えは、「人と人との絆・つながり」の重要性が再び語られている現代にこそ必要なものです。賀川が活動をしていた時代は、都市部・農村部に関わらず貧困という問題がありました。現在の社会においても、新たな形で貧困や格差が社会問題となっています。賀川はある時から、外からの支援で貧困問題を解決しようとする「救貧」から、当事者自らが助け合って自立することで貧困から抜け出す、または貧困状態に陥らないようにする「防貧」に考え方を変えました。賀川の志を「現代化」し、私たちが暮らす社会をより良いものに変えていくことが、私たち自身に求められています。

　本書を通じて、日本の協同組合運動、労働運動などをけん引した偉人・賀川の人物像、賀川が生涯大切にしていたことへの理解を深めていただけると幸いです。

　最後に、本書を監修してくださった金井新二館長をはじめ、公益財団法人 賀川事業団 雲柱社 賀川豊彦記念松沢資料館の皆さんに、心から感謝申し上げます。

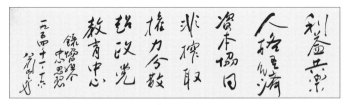

賀川豊彦が説き、書き記した「協同組合の中心思想」

2018年1月

　　　　　　　　　　　　　　　日本生活協同組合連合会

　　　　　　　　　　　　　代表理事会長　本田　英一

目次 — 賀川豊彦（かがわとよひこ）
「助け合いの社会」を目指した功績を知る

はじめに……………………………………………………………… 2
この本の見方………………………………………………………… 6
賀川豊彦の生涯……………………………………………………… 8

第1章　献身の巻

ガンジーと肩を並べる偉人に挙げられているってホント？…… 12
どんな子ども時代を送ったの？…………………………………… 14
賀川豊彦が影響を受けたローガン博士とマヤス博士は、
どんな人だったの？………………………………………………… 18
賀川豊彦は、小説家としても有名だったんだよね？
どんな小説を書いたの？…………………………………………… 20
生涯で最も力を注いだ活動は何だったの？……………………… 24
スラムで人殺しのあった部屋に住んでいたの？………………… 26
神戸のスラムで「天国屋」という食堂をやっていたって
ホント？……………………………………………………………… 30

第2章　防貧の巻

「防貧」の考えに至ったきっかけは何だったの？……………… 34
『死線を越えて』は、一体どれだけ売れたの？………………… 36
100年も前にワーク・ライフ・バランスを実現しようと
してたの？…………………………………………………………… 38
多くの消費組合を設立したのはなぜ？…………………………… 42
消費組合以外にも、協同組合の設立指導などをしたの？……… 44

第3章　友愛の巻

ルーズベルト大統領からアメリカに招かれたんだって？ ……… 50
関東大震災が起きたとき、
すぐ神戸から駆け付けたんだってね？ ……………………… 54
賀川豊彦の思想がEC（EUの前身）に
影響を与えたってホント？ …………………………………… 56
ユニセフの「子どもの最善の利益を守るリーダー」の
一人よね？ ……………………………………………………… 58

第4章　協同の巻

協同組合保険（共済）をつくろうとしたのはなぜ？ …………… 62
農村での活動から大きく成長した企業があるんだって？ ……… 66
アインシュタインや湯川秀樹とも接点があったんだって？ …… 68
ノーベル賞候補だったのよね？ ………………………………… 72
医療組合だけでなく、国民健康保険制度をつくったの？ ……… 76
関東大震災の被災地支援で大切にした思いは、
今も引き継がれているのよね。 ……………………………… 78
賀川豊彦は、世界平和に向けた強い思いがあったのよね。 …… 80
戦後も日本の協同組合運動をけん引したのよね？ ……………… 82

　　さらに学びたい人へ ………………………………………… 86
　　おわりに ……………………………………………………… 88

●この本の見方

はじめまして！みんなと一緒に「賀川豊彦」の勉強をする**サクラ**です。よろしくね。
私たちに賀川豊彦のことを教えてくれるのが、**カガワン先生！**

よいか、賀川豊彦というのは、1888年、明治時代の神戸に生まれて……

カガワン先生！
ちょっと待って！

そうなの。
カガワン先生って、賀川豊彦のことになると話が止まらなくなっちゃうの。
だから、私が賀川に関する質問をしてカガワン先生に答えてもらうことにしたんだ〜。
時間がなくて、ゆっくりと本を読むことができなかったら、**こっち（左側）のページ**だけをまずは読んでみてね。

左側のページ

uestion!

生涯で最も力を注いだ活動は何だったの？

nswer!

キリスト教の布教活動、つまり伝道だよ。日本中、世界中にキリスト教の教えを広め、家族のような人間関係をつくることが平和な世界を築くことになると考えていたんだ。

活動が広範囲にわたっている賀川だけれど、さまざまな事業や活動も、伝道活動の一環だったってこと？

賀川が大切にしていたのは、伝道によって「弱き者のために何ができるか」という考え。そして、その言葉を実行し続けた人生を送ったんだよ。

右側のページには、賀川豊彦をより詳しく知るために解説をしてもらったわ。有名な話はもちろん、知られざるすてきなエピソードまで、いろんなお話をたくさん載せています。

明治から昭和の半ばまで、日本だけでなく世界で活躍した賀川豊彦の生涯を、たっぷりと楽しんでほしい。

右側のページ

ホントは、もっともっとしゃべりたいんだがのー。

日本の豊かなくらしのため、世界の平和のため、賀川は本当にいろんなことをしてきたんだ。

この本を読んで、**賀川のことをもっと知りたい！**

なーんて、若者が増えてくれるとワシはうれしいぞ。

賀川豊彦の生涯

西暦（元号）	年齢	出来事
1888（明治21）年	0歳	神戸で生まれる。
1893（明治26）年	4歳	前年に父と母を相次いで亡くし、徳島の賀川家に引き取られる。
1900（明治33）年	12歳	旧制徳島中学校に入学。
1904（明治37）年	16歳	ハリー・W・マヤス博士から洗礼を受ける。
1905（明治38）年	17歳	明治学院高等学部神学予科に入学。
1907（明治40）年	19歳	神戸神学校に転校を決める。豊橋教会滞在中に結核で危篤になる。
1908（明治41）年	20歳	愛知県蒲郡（がまごおり）に転地。「鳩の真似（はとのまね）」（のちの『死線を越えて』）を執筆する。蓄膿症（ちくのうしょう）の手術の後、危篤になるが奇跡的に回復。
1909（明治42）年	21歳	神戸のスラムに住んで、布教・救貧活動を始める。
1911（明治44）年	22歳	神戸神学校を卒業。
1912（大正元）年	24歳	食堂「天国屋」を開業したが3カ月で閉店。
1913（大正2）年	25歳	芝ハルと結婚。
1914（大正3）年	26歳	アメリカのプリンストン大学・プリンストン神学校に留学（〜1916年）。
1918（大正7）年	30歳	牧師になる。
1920（大正9）年	32歳	『死線を越えて』を出版。消費組合・共益社を有志とともに設立。
1921（大正10）年	33歳	神戸購買組合と灘購買組合の設立に関わる。川崎造船所・三菱造船所の労働争議を指導する。
1923（大正12）年	35歳	関東大震災の被災者救援のため東京に拠点を置く。

西暦（元号）	年齢	出来事
1926（大正15）年	38歳	東京学生消費組合の設立に関与。
1927（昭和2）年	39歳	前年移り住んだ兵庫県の自宅に農民福音学校を開く。
1928（昭和3）年	40歳	中ノ郷質庫信用組合の設立に関わる。
1929（昭和4）年	41歳	東京・松沢村に本格的に移り住む。
1931（昭和6）年	43歳	東京医療利用購買組合の設立運動を開始。
1935（昭和10）年	47歳	フランクリン・ルーズベルト大統領の招きで渡米。ニューヨークで「Brotherhood Economics」の講演をする。
1938（昭和13）年	50歳	財団法人・雲柱社を設立し、初代理事長になる。
1945（昭和20）年	57歳	東久邇宮内閣の参与となる。「マッカーサー総司令官に寄す」を『読売報知』新聞に掲載。日本協同組合同盟を結成し初代会長になる。
1947（昭和22）年	59歳	この年と1948（昭和23）年、ノーベル文学賞の候補になる。
1951（昭和26）年	62歳	日本生活協同組合連合会を設立し、初代会長になる。全国共済農業協同組合連合会が設立され、顧問に就任。
1952（昭和27）年	64歳	広島で世界連邦アジア会議が開かれ、議長を務める。
1954（昭和29）年	66歳	この年から1956（昭和31）年まで3回、ノーベル平和賞の候補になる。
1960（昭和35）年	71歳	東京・松沢の自宅で召天。

第1章
献身の巻

　賀川の生い立ちから、スラムでの救貧活動を始めるきっかけについて学んでいくよ。

　献身とは、自分の利益を顧みないで、他者または物事のために自己の力を尽くすこと。まだ21歳の若者であった賀川が治安も衛生状態も悪いスラムに移り住み、貧しい人びとを救う活動を始めたのは一体なぜだったんだろう。

ガンジーと肩を並べる偉人に挙げられているってホント?

Answer!

マハトマ・ガンジーは、「非暴力・不服従」を貫いた"インド独立の父"といわれているよね。それとアフリカで住民たちの医療に生涯を捧げたアルベルト・シュバイツァー、そして、賀川豊彦が「世界の三聖人」とされたんだ。

"世界の偉人"と肩を並べて「世界の三聖人」と呼ばれているなんて、すごいなあ。

でもね、賀川が、ガンジーやシュバイツァーと共に尊敬される偉人であることは、残念ながら現代の日本人には、ほとんど知られていないんだ。

第1章 献身の巻

カガワ、ガンジー、シュバイツァー

　賀川豊彦が、ガンジーやシュバイツァーと共に、20世紀前半の世界における"三聖人"の一人に挙げられたのは、1939（昭和14）年にアメリカ合衆国で発行された『THREE TRUMPETS SOUND』（世界の三聖人）という本の中でででした。

　賀川はこの本が出る４年前の1935（昭和10）年12月、経済恐慌からの復興のため、ニューディール政策を推し進めつつあったアメリカに、当時のフランクリン・ルーズベルト大統領に招かれて、講演旅行へと赴きました（→p.50）。

『THREE TRUMPETS SOUND』の表紙

　このとき、ニューヨーク州の神学校で４回にわたって行われた記念講演の内容は、『BROTHERHOOD ECONOMICS』（友愛の政治経済学）という書名で刊行、世界25カ国、17言語に翻訳され、世界の多くの人びとに大きな共感をもって受け入れられました。

　アメリカの小説家シンクレア・ルイスは、『協同組合』という小説の中で賀川の名前を挙げ、アメリカにおける協同組合の普及に果たした功績について記しています。また、その社会活動や思想において、日本国内より世界でその名を知られた賀川が、資本主義でも共産主義でもない"第三の道"として唱えた「友愛の経済」という考え方は、その後のEC（ヨーロッパ共同体）創設にも大きな影響を与えたといわれています（→p.56）。

　賀川は1954（昭和29）年から56（昭和31）年にかけて３度、ノーベル平和賞の候補に挙げられており、またガンジーも1937（昭和12）年から48（昭和23）年にかけて５度、同賞の候補になりました。シュバイツァーは1952（昭和27）年、ノーベル平和賞を受賞しています。賀川は1947（昭和22）年と48（昭和23）年に、ノーベル文学賞の候補にもなりました（→p.72）。

Question!

どんな子ども時代を送ったの？

Answer!

賀川は"神童"と呼ばれるほど優秀で、普通の子より早く小学校に入学したんだよ。その一方で、わずか4歳で両親を亡くし、孤独な子ども時代だったんだ。

4歳で！　それは寂しかったでしょうね。両親を亡くしてからは誰と暮らしたの？

賀川は父親の正妻の子ではなかったんだ。父親が亡くなると正妻の元に預けられ、そこでは、つらく当たられる日々を過ごした。一生懸命勉強することで、その寂しさから逃れようとしたんだね。

第1章 献身の巻

学ぶことと自然に癒やされることが賀川の慰めに

　賀川豊彦は入学年齢の満6歳よりも早く小学校に入学しますが、成績はほかの子どもより優れていたそうですから、その優秀さがうかがえます。またそれだけでなく、書道や絵画にも並外れた才能をもっていました。豊彦自身、早くから学校に通いたがっていました。早く学びたいという意欲があったことはもちろんですが、学ぶことが幼い豊彦の慰めとなっていたためです。

　豊彦の父・純一は徳島県の造り酒屋に生まれ、15歳のときに同じく徳島県の賀川家の養子となります。賀川家は江戸時代に19の村を束ねていたほどの強い権力と多くの土地をもつ農家でしたが、一方で純一は商才を発揮し、神戸で海運業を起こし、起業家としても成功を収めた人物です。

　豊彦の母・かめは芸者でした。純一と徳島に住む正妻・みちとの間に生まれた二人の子どもは赤ちゃんのときに死に、かめと神戸で暮らす道を選んだのです。純一とかめは5人の子どもに恵まれ、豊彦は3番目の子として1888（明治21）年7月10日、神戸で誕生しました。ごく幼少時の豊彦はのびのびと育ち、優秀で社交性があり、機知に富み口も達者で、父親の会社の従業員からも人気がありました。その環境が一変したのが、1892（明治25）年の父の死でした。さらに2カ月後には母のかめも亡くなってしまいます。豊彦は4歳で両親を相次いで失ったのです。

　残された子どものうち19歳だった長兄の端一が家長となり、豊彦は姉の栄と共に徳島の家に引き取られ、正妻のみちに育てられることになります。しかし、幼くして両親を亡くした悲しみに加え、みちにはつらく当たられ、それは豊彦の心に大きな傷を残しました。

純一（左）とかめ

一生のうちにあれほど悲しんだことはない

　徳島の賀川家は離れがいくつもある大きな家でしたが、豊彦にとっては愛のない、寂しい家でした。本妻のみちにとって、栄と豊彦の姉弟を引き取ることは、夫とほかの女性との間にできた子どもを"押しつけられた"ことにほかなりません。怒りに任せて叱責することで、うっぷんを晴らしていたのです。

　このことは、自分が疎外され、愛されていないと悩んでいた豊彦が、キリスト教に引きつけられる一因ともなっていきます。

　豊彦が10歳のときに、追い打ちをかけるような事件が起きました。学校の用務員の娘を死なせた、という噂を流されたのです。女の子は溝に落ち、それがもとで亡くなったのですが、豊彦が突き落としたと近所の子たちに非難されました。もちろん、まったくの"濡れ衣"ですが、周囲はそれを信じてしまい、女の子の父親から香典として、100円（当時の小学校教員の初任給の約10倍）を要求されてしまいます。賀川は犯していない罪であるにもかかわらず、自分が飼っている鶏が産んだ卵を売って貯めたお金で支払いました。

　事件の背景には、賀川家が小作人たちの不満の標的となっていたことや、豊彦の良い成績へのねたみ、さらには本妻の子ではないことを馬鹿にされていたことなどがあったようです。

　"濡れ衣"を着せられたことにショックを受けた豊彦は、二日二晩泣き続けました。激しく落ち込み、心の病になる寸前でした。のちに随筆『わが村を去る』の中で、「一生のうちにあれほど悲しんだことはない」体験だったとつづっています。

進学を機に養家を去るも家業が破産して金銭的に苦労

　自分の力ではどうすることもできない理不尽な出来事が多かった豊彦の心を癒やしたのは、学問に加え、徳島の自然環境でした。自宅の周辺で捕まえた小さな生き物を飼い観察したり、川で泳いだ

り、周辺を散策したりしました。自然の中でのさまざまな体験は、のちに農業への関心や環境汚染への批判につながっていきます。

　そんな豊彦にさらなる転機が訪れます。1900（明治33）年4月、旧制の徳島中学校への入学を機に養家を去ることになったのです。入学年齢は1歳若かったのですが、受験し合格。寄宿舎に入ることとなりました。

　しかし、ここでも新たな受難が続きます。兄・端一の散財を重ねた無計画な経営により、父・純一が神戸で起こした会社が破産してしまったのです。金銭的に余裕がなくなり、寄宿舎にいられなくなった豊彦は、クリスチャンであり徳島中学校の英語教師だった片山正吉が開いていた私塾・片山塾の寄宿舎に移りました。さらに、そこでも食費が滞りがちになり、最後は叔父の森六兵衛の家の世話になりながら、何とか徳島中学校を卒業することができました。

非戦の思いを培い母校の校長にも反論

　金銭面では苦労しましたが、片山塾ではその後の人生に大きな影響を与える出会いもありました。アメリカから来た宣教師のチャールス・A・ローガン博士とハリー・W・マヤス博士です。愛情を注いでくれるこの二人の人柄に触れた豊彦は、卒業後、上京して聖職者を目指し、明治学院神学予科に入学しました。

　明治学院での豊彦は、哲学を中心に読書に没頭する日々でした。その頃日本国民は、日露戦争（1904年〜05年）の勝利に酔っていましたが、非暴力主義者のトルストイ（ロシアの小説家・思想家）や、隣人愛などを理念とするキリスト教社会主義の信奉者となっていた豊彦は、非戦の思いを強く持っていました。母校の徳島中学校の校長であり、人類学や犯罪心理学の研究者・ジャーナリストでもあった鈴木券太郎が、新聞に他国の征服を認めるような論説を発表した際には、それに対する反論を寄稿したほどでした。

Question!

賀川豊彦が影響を受けたローガン博士とマヤス博士は、どんな人だったの？

Answer!

二人は優れた教師であると同時に、私生活でも賀川と深く関わり、特にマヤス博士は賀川を何度も家に招き、物心両面から支援してくれたんだ。

両親が早くに亡くなっているから、二人が父であり兄であるような存在だったのね。賀川が洗礼を受けたのもこの二人の影響かな？

もちろん。マヤス博士によって16歳のときに洗礼を受けている。ただ、それを決めたのは賀川自身。キリスト教を深く学んだからなんだ。

第1章 献身の巻

敬虔(けいけん)なクリスチャン賀川豊彦の出発点

片山塾の寄宿舎にいた頃、賀川は好奇心と英語習得を目的に教会の礼拝に出席していました。当初は、クリスチャンになるとは思っていなかったそうですが、その気持ちを変えたのが、アメリカから来た宣教師ローガン博士とマヤス博士の義兄弟です（→p.17）。

マヤス博士（左）とローガン博士

二人は私生活でも賀川と深く関わり、キリスト教とは何か、愛とは何かを教えてくれた存在でした。

ローガン博士が講義する「キリスト伝」に賀川は感銘を受け、普通の英語の授業より多くの時間をその講義を聴くための勉強に充てていました。同時に『旧約聖書』などを英語で語り、かつ高潔で優しいローガン博士の人柄に引き付けられました。のちに賀川は、「ローガン博士の講義を聴いたとき、私は自分の生涯で初めて生きているという感覚、人間であることに目覚めた」と語っています。

マヤス博士もまた、賀川の人生に大きな影響を与え、物心両面から支援してくれました。特に賀川家が破産し、叔父の家で肩身の狭い日々を送っていた頃、賀川はマヤス博士の家に頻繁に足を運んでいました。また、明治学院の授業料を援助してくれたのもマヤス博士でした。

こうした深い交流によって、孤独な賀川は初めて、本当の家庭を得たかのような満たされた気持ちを覚え、二人の宣教師は家族のような存在となっていったのです。

そして1904（明治37）年、賀川は16歳のときに徳島日本基督(キリスト)教会で、マヤス博士より洗礼を受け、クリスチャンとなりました。

Question!

賀川豊彦は、小説家としても有名だったんだよね？ どんな小説を書いたの？

Answer!

最も有名な作品が『死線を越えて』という自伝的小説。この元となる文章は賀川が肺結核を発症し、療養生活をしていた20歳のときに書かれたんだ。

肺結核で生死の境をさまよったから「死線を越えて」なのね。肺結核はその頃は不治の病といわれていたのよね。

賀川は生涯さまざまな病気に苦しめられた。肺結核と、それが原因の病気で、二度も危篤状態に陥っている。医師から死を宣告された賀川は、もし生きられるのならスラムでたくさんの人を救うことを神に誓ったと話しているんだよ。

第1章 献身の巻

生涯、さまざまな病気に苦しめられた

　賀川は生涯、さまざまな病気に苦しめられました。肺結核、トラコーマ（失明の危険もある重い眼病）、腎炎、蓄膿症、痔瘻、心臓病など、罹患した病は数多くあります。賀川はそれらの病気と闘う一方、この経験を基に、同じ病気の人たちにアドバイスをするなど、他人の痛みを和らげることに努力を惜しみませんでした。

　肺結核を発病したのは明治学院神学予科を修了した後でしたが、在学中、すでにその兆候は表れていました。栄養不良と猛烈な読書による不規則な生活が重なったためか、血を吐いて（喀血）しまったのです。

　明治学院修了後、入学が決まっていた神戸神学校に通い始めるまでの間、愛知県の岡崎や豊橋の街頭などで伝道活動（布教）をしていました。しかし、高熱と咳、喀血により倒れてしまいます。

　豊橋教会の牧師、長尾巻の懸命な看病を受けながら、息をするのもやっとの状態が1週間ほど続きました。そして、ついに危篤状態となり、医師に死を宣告されたのです。死の淵に立っていた賀川ですが、コップ1杯ほどの血の塊を吐いたことで呼吸ができるようになり、熱が下がったのでした。

　それは翌朝、賀川の死亡診断書を書くつもりでやってきた医師ですら驚く奇跡的な出来事でした。賀川はみるみる回復し、3日～4日で神戸に向かえるほど体調を取り戻すことができました。死線をさまよっていた賀川は、その際に光に包まれる体験をしたと語っています。

長尾巻（前から2列目の右から2人目）。その右斜め後ろが賀川

▶賀川豊彦は、小説家としても有名だったんだよね？　どんな小説を書いたの？

療養中に構想を練った『死線を越えて』

　神戸神学校では、賀川は充実した日々を送り、勉強の傍ら神戸のスラムでの伝道活動も始めました。しかし、肺結核が再発してしまいます。

　再発当初、賀川は神戸の病院で療養していましたが、4カ月後、愛知県蒲郡駅近くの府相という漁村に転地しました。神戸での療養費用をマヤス博士が負担してくれたことを、心苦しく思ったためといわれています。賀川は1908（明治41）年1月から9月までの間、空き家を借りて自炊生活を始めます。この地では、読むべき本もなく、どこよりもキリスト教の教えを伝えなければならないスラムもありません。独り暮らしで初めは孤独でしたが、村人は賀川を温かく迎え、優しく接してくれました。賀川も手紙の代筆をしたり、子どもたちと遊んだり、漁師と徹夜で漁に出たりして、交流を深めました。ときには、村人から子どもの教育についての相談を受け、アドバイスすることもあったようです。

　静かで時間に余裕のある日々のなかで、賀川は自然環境や自分自身について深く考えを巡らせました。そして、多くの時間を執筆に費やし、一編の小説にまとめました。それが自伝的小説「鳩の真似」です。鳩は柔和で、貧しい人への献身と非暴力を訴える賀川の優しい心の例えといえるでしょう。賀川は、その執筆の動機を「心の大きな傷となっている過去の悲しい経験が宗教によって気持ちが変化したことを書き残したい」と語っています。

　「鳩の真似」をまとめた賀川は、上京してある人物に会いにいきました。クリスチャンであり同じ明治学院出身の文学者、島崎藤村です。すでに著名であった藤村に、大胆にも自分の作品を読んでもらうために出向いたのです。賀川から受け取った原稿を読んだ藤村は丁寧な手紙を添え、「数年間、原稿を未発表のままにしておき、自分がよくわかるようになってから、世間に発表せよ」と賀川にアドバイスしたそうです。

賀川はその後、「鳩の真似」を「再生」というタイトルで改稿し、さらに加筆した『死線を越えて』を1920（大正9）年に出版。ベストセラーとなり、"小説家・賀川豊彦"の名を日本中にとどろかすことになります（→p.36）。

二度目の臨死体験を経て神戸のスラムに飛び込む

　賀川は、1908（明治41）年9月末に府相の家を引き払い、神戸神学校に復学しました。健康状態は改善したとはいえ、肺結核の発作がなくなったわけではありません。間もなく結核性の蓄膿症（ちくのうしょう）と痔瘻（じろう）が悪化し、手術が必要となりました。しかも手術後、肺が十分に回復していなかったため症状が悪化し、またも危篤状態に陥ってしまいます。入院して27日間、マヤス博士や同級生たちは寝ずの看病をしました。賀川は死線をさまよい続けましたが、再び回復します。このとき二度目の臨死体験をした賀川は、「私を生かしてくださるのなら、貧民窟（ひんみんくつ）（スラム）に入り、あなたの子どもたちに仕えます」と神に誓ったのです。

　11月になると京都の病院に転院し、結核性痔瘻の手術を受けました。そのまま京都で療養生活に入った賀川は、世界中に布教を行ったイギリスの大伝道師ジョン・ウェスレーの伝記と出合い、神のために尽くすという思いを強めました。ウェスレーも賀川と同じように結核を患いながらも、ロンドンのスラムで布教をしていたことに共感を覚えたのです。健康を取り戻して復学後、賀川は再び貪欲（どんよく）に読書に励み、信仰を深めていきました。そして、1909（明治42）年のクリスマスイブに、神戸のスラムに飛び込んで、再び布教活動を始めたのです（→p.27）。

生涯で最も力を注いだ活動は何だったの？

キリスト教の布教活動、つまり伝道だよ。日本中、世界中にキリスト教の教えを広め、家族のような人間関係をつくることが平和な世界を築くことになると考えていたんだ。

活動が広範囲にわたっている賀川だけれど、さまざまな事業や活動も、伝道活動の一環だったってこと？

賀川が大切にしていたのは、伝道によって「弱き者のために何ができるか」という考え。そして、その言葉を実行し続けた人生を送ったんだよ。

伝道途上に倒れることは本望

　社会運動家であり、小説家。協同組合とその各種事業などの礎を築き、さらには、労働運動、農民運動、ボランティア活動などのパイオニアでもあった賀川は、生涯にわたって語り尽くせないほどの偉業を成し遂げました。そのなかであえて「賀川豊彦とは何者か」と問うならば、やはり、キリスト教の布教を熱心に行った「伝道者」といえるでしょう。

　相互扶助や愛の運動を目指した賀川は、大正から昭和にかけて日本全国を巡り、世界中を飛び回り、キリスト教の布教を行いました。そして、それこそが賀川が命を懸けて行った活動でした。

　神戸のスラムに身を投じ、貧しい人たちを救う救貧活動もまた、キリスト教の伝道者としての取り組みの一環でした。そして、アメリカ留学などを通じて、「救貧」から貧しい人をつくらない社会という「防貧」へと考え方を発展させていきます（→p.34）。これはのちに、貧困を防ぐために団結することが大切とする、労働組合（→p.38）や協同組合（→p.42）を組織するきっかけにもなりました。

　賀川は「伝道者は伝道途上に倒れることは本望」だとも語っています。その言葉通り、1959（昭和34）年1月、発熱しているのを押して出かけた四国での伝道へ向かう途中、病に倒れてしまうのです。東京に戻り、しばらく自宅で療養を続け、調子の良いときには執筆やラジオ番組の収録などもしていましたが、再び伝道に出かけることはできませんでした（→p.85）。

賀川は世界中で講演を行った（ノルウェー・1950年）

スラムで人殺しのあった部屋に住んでいたの？

そうだよ。殺人事件があって借り手のなかった部屋の家賃を安くしてもらって借り、そこを拠点に救貧活動を展開したんだ。

殺人事件が起こるようなところに住んで怖くなかったのかな。

確かに最初は相当な苦労や怖い思いもしたよ。でも、死の淵（ふち）をさまよったことで、残りの命を貧しい人のために捧（ささ）げようと決心していたから、どんなことにも屈しなかったんだね。

第1章　献身の巻

社会のどん底にいる人たちが集まるスラム

　1909（明治42）年12月24日、21歳の賀川は荷車に最低限の荷物を積み、神戸神学校の寄宿舎を後にしました。賀川は神戸の葺合新川というスラムの長屋に移り住み、救貧活動を始めたのです。
　スラムは当時、「貧民窟」と呼ばれ、職にあぶれ、住まいをなくし、社会のどん底にいる人たちが集まっていました。葺合新川では約２万7,000坪の範囲に2,000戸、7,500人を超える人たちが住んでいたと推定されています。
　賀川が住むことになった部屋は五畳敷きの広さがあったものの、畳も障子もなく、床板が露出しているような長屋でした。しかも、前年の暮れに殺人事件があり、壁には飛散した血の痕が点々と残り、幽霊が出るという噂もありました。そのため借り手がなく、30日で２円45銭の家賃を月２円（当時の大卒初任給は30円程度）に値下げしてもらい、借りたのです。
　部屋では布教活動中に出会った男が室内の掃除を終え、賀川を出迎えました。この男は放火の罪を犯し、９年の懲役刑を受け、出獄してきたばかりでした。当時のスラムにはこうした人たちもたくさん住んでいたのです。賀川は、のちに著した『貧民心理の研究』（警醒社書店、1915年）の中で、この集落に住んでいた人びとの約２割が前科者、２割が酒飲み、２割が怠け者で、残りの４割は日雇い労働など何らかの職業をもち、辛うじて自分と家族の生活を支えている人びとであると分類しています。そういった環境で暮らす人びとに寄り添うために、賀川はスラムに飛び込んでいったのです。スラムから神学校へ通い、授業の後は煙突掃除で生活費を稼ぎ、空いた時間には街頭で布教をしながら、スラムの人たちの話を聴き、面倒を見る日々をスタートさせました。

▶スラムで人殺しのあった部屋に住んでいたの？

子どもが貧困の被害を最も受ける

　スラムの実情は予想以上にひどいものでした。暴力やけんか、ゆすり、たかりは日常茶飯事。賀川も最初は、暴力を振るわれたり、お金を巻き上げられたりするなど住民との交流に苦労しました。衛生状態が悪く感染症にかかる人も多くいました。なかでも驚かされたのは、"貰い子殺し"の多さでした。実の親から養育費を受け取って子どもを引き取るものの、わざと栄養不良などで死なせてしまう養い親が後を絶たなかったのです。

　そんな彼を慰めたのは、彼を慕ってくれる子どもたちの存在でした。しかし、その子どもたちもまた、貧しさで男の子はすりやひったくりなどの犯罪に手を染め、女の子はわずかなお金で遊郭などに売られていってしまいます。賀川は、子どもたちが貧困の被害を最も受けていることに心を痛めました。

　賀川自身も思ったように勉強や布教ができず、精神的に追い込まれていましたが、それでも逃げ出そうとはしませんでした。"死線を越えて"身を投じたスラム。貧しさから多くの人を救済することこそが、賀川の「献身」だったのです。そして、その姿に心を動かされ、理解してくれる人が現れ始めました。

　賀川は長屋の隣の部屋を借り、礼拝堂にしました。そこを拠点として、ボランティアを組織し、本格的な救貧活動を始めたのです。その日暮らしの人びとのための食堂の経営、お金がなくて医療を受けられない人のための診療・介護所の開設、学校に行けない子どものための日曜学校の実施、無料の宿泊所の提供、無償（無料）の葬儀、職業相談・紹介、保育、布教、そしてけんかの仲裁……。賀川は寝る暇もないような日々を送っていました。

自宅付近で子どもに囲まれた賀川

第1章 献身の巻

賀川を支えた大きな出会い

　賀川は1911（明治44）年4月、日本キリスト教会より伝道師としての資格を与えられ、同年6月には神戸神学校を卒業。晴れて、救貧活動を活発に行えるようになりました。そんなとき、大きな出会いがもたらされました。スラムの近くの工場で働いていた武内勝です。

　賀川の活動に感銘を受けた武内は、無二の協力者となり、生涯を通じて共に歩み、神戸での活動に身を捧げました。

　この頃、もう一人、大きな出会いがありました。後に賀川の妻となる芝ハルです。賀川が賛美歌を教えに出向いた先の会社で働いていたのがハルでした。その後、ハルは賀川の説教を聴くために、スラムに足を運ぶようになり、スラムの人びとのために炊き出しを行うボランティアに参加するようにもなったのです。

　互いに引かれ合った賀川とハルは1913（大正2）年5月、神戸の教会で挙式。神戸のスラムに移り住んだハルは献身的にスラムの人たちのために働きました。のちにハルはトラコーマにかかり、片目を失明してしまいますが、決して弱音は吐かなかったといいます。

　ハルと武内という二人の強い味方を得て、賀川の活動は充実していきましたが、一方で限界も感じていました。目の前の人を救済しても、スラムには新しく貧しい人たちが流入してくる。これでは根本的な解決にはならない。もっと知識や経験を増やし、新しい方法で貧しい人たちを救わなければならない。その思いが、米国留学へとつながっていったのです（→p.35）。

結婚当時の賀川夫妻

 Question!

神戸のスラムで「天国屋」という食堂をやっていたってホント？

 nswer!

本当だよ。地域の貧しい人びとに栄養のある食事を安く提供しようと、食堂「天国屋」を開いたんだ。お正月には100人に無料でお雑煮を振る舞ったりもしたんだよ。

安くて栄養があるなら、
人気の行列店だったんじゃない？

人気はあったけど"諸事情"があって、天国屋は3カ月で閉鎖してしまったんだ。でも賀川は貧民救済のために、食堂のほかにも無料診療所を開設したり、歯ブラシ工場を設立したりと、さまざまな活動をしたんだ。

第1章 献身の巻

救済事業だけでは貧しい人を救えない

　賀川は1912（大正元）年11月、神戸の葺合新川というスラムで、食堂「天国屋」を開店しました。しかし、天国屋はわずか3カ月で閉鎖に追い込まれました。無銭飲食が横行したためといわれていますが、実はそれだけではありません。スラムには、もともと安く食事を提供する食堂がたくさんありましたが、天国屋はそれよりもかなり安かったため、ほかの店は客を取られてしまったのです。天国屋は妬みを買って嫌がらせを受けるようになり、最終的に閉鎖に追い込まれたというのが本当のところのようです。

　救済事業だけでは貧しい人たちを救うことはできないと考えた賀川は、1917（大正6）年、雇用創出を目的の一つとして歯ブラシ工場を開設しました。しかし、スラムの人たちは十分な教育を受けておらず、技術もありません。この工場で作った歯ブラシは品質が悪く、売り物になりませんでした。さらに資材を持ち逃げする人もいて工場は立ち行かなくなり、翌年には閉鎖してしまいました。

　また、無料（または半額）で診察する「友愛救済診療所」も開設しました。賀川は医療に興味があった妻ハルの妹ヤヘに、医学を学ぶように勧めました。東京女子医学専門学校（現・東京女子医科大学）を卒業したヤヘは当時珍しかった女性医師になり、神戸の病院で働きながら、賀川の診療所を手伝いました。

　診療所は、のちに協同組合が経営する病院の設立へとつながりました。また、賀川は多くの人が安く治療を受けられる仕組みが必要と唱えていましたが、これは国民健康保険制度の基にもなっています（→p.76）。

友愛救済診療所

第2章
防貧の巻

　実際にスラムに住み始めた賀川は、救貧活動だけでは貧困の根本的な解決には至らないと痛感し、「救貧」から「防貧」へと考え方が変わっていく。
　防貧とは、貧困に陥ることを事前に防止すること。賀川が実践した防貧、そして豊かなくらしのためにどんな活動を実践したのか学んでいこう。

「防貧」の考えに至ったきっかけは何だったの？

ニューヨークで労働者のデモを見たことだよ。「救貧」だけでは真の意味で貧しさから抜け出せないことを、労働者が権利を勝ち取ろうとする姿から学んだんだ。

貧しい人たち自身が立ち上がることが大切ということね。ところで、賀川はアメリカで何を学んでいたの？

賀川はアメリカの大学で進化論の研究を深めたんだ。最も環境に適した個体が生き残る「適者生存（てきしゃせいぞん）」ではなく、それぞれの種が互いに助け合うことが生存にとって大切であると導き出したんだ。その助け合いという考えは、協同組合を立ち上げるときの根拠にもなったんだよ。

「助け合う能力」が生存に大切という答え

　1914（大正3）年8月、賀川は単身アメリカに渡り、プリンストン神学校とプリンストン大学に入学し、2つの学校で学ぶことになりました。大学では生物学を専攻し、進化論の研究に力を注ぎました。それは進化論がキリスト教の創造論（人間は神によって創造されたという考え）と対立するものではないという、自身の考えが正しいかどうかを研究するためでした。

　一方で賀川は、ダーウィンの「適者生存」の考えに懐疑的でした。そして進化論の研究を深めたことで、それぞれの種が互いに助け合う能力は、闘争する能力と同じくらい生存に大切であるとの考えに至ったのです。この見解が協同組合を立ち上げる根拠ともなりました。

　アメリカで修士号取得後、もっと学びたいという思いが強くなった賀川は、学費を稼ぐためにニューヨークへと向かいました。そこで大きな衝撃を受ける光景を目にします。待遇改善を求める縫製工場の労働者たちのデモ隊に遭遇したのです。何万人もの労働者が団結し、一斉に彼らの要求を訴えるシュプレヒコールのエネルギーに、賀川は圧倒されました。そして、「救貧」だけでは貧しい人たちの真の救済にはならないことを確信しました。「必要なのは貧しさに陥らない、貧しい人をつくらないための『防貧』であること」「貧困問題の解決は労働問題の解決でもあること」――そのことをデモで権利を勝ち取る労働者の姿から教えられたのです。

プリンストン神学校の同窓生と共に（左から2人目が賀川）

『死線を越えて』は、一体どれだけ売れたの？

『死線を越えて』は100万部以上も売れたんだ。出版不況の現在は3万部売れればベストセラーといわれるから、いかにすごいかがわかるよね。印税額は、当時の貨幣価値を換算するのが難しくて、正確にはわからないけど、武藤富男『評伝 賀川豊彦』（キリスト新聞社、1981年）によると「10億円以上」と書かれているよ。

正確に換算できなくても、すごい大金であることは間違いないわね。賀川はそれを何に使ったの？

賀川は印税を「神様から預かったもの」だと言って、自分のためには使わず、社会のためになるいろんな事業を起こすことなどに使ったんだ。だから、質素な生活は生涯変えなかったんだよ。

第2章 防貧の巻

貧困から抜け出す仕組みづくりに印税を使う

　1920（大正9）年に出版された賀川の自伝的小説『死線を越えて』は大正期のベストセラー小説で、多くの人びとに大きな影響を与えました。著書の大ヒットで賀川の名は一躍有名になり、詩や童話、教育書、論文などを次々と発表、作家としての地位を確かなものにしました（→p.20）。

　『死線を越えて』、『太陽を射るもの』（1921年）、『壁の声きく時』（1924年）は、賀川の自伝的小説の三部作とされ、英訳されて海外でも広く読まれ、名声が広まりました。賀川は生涯で300冊以上の著書を残しています。

　賀川の小説は文芸関係者から「中学生の文章だ」と酷評されましたが、賀川の目的は自身が大切にしている「助け合い」の思想を、庶民が親しみやすい文章で記した小説を通して人びとに訴え、協同組合運動を進めることでした。実際に賀川の小説に影響を受けた多くの人が、購買組合（現在の生協）を次々とつくっていきました。

　賀川は印税のほとんどを救済事業や労働運動、協同組合運動などにつぎ込みました。「資本主義社会の一番の問題は富裕層への富の集中である」ということに早くから気付いており、印税を資本として社会に再投資することで、より多くの人がその恩恵にあずかることができるようにしたのです。貧しい人を救うためにお金を与えるのではなく、印税を使って貧困から抜け出すための仕組みづくりをしたこと（「資本の社会化」）は、賀川の大きな功績です。

『死線を越えて』の原案となる自筆原稿

100年も前にワーク・ライフ・バランスを実現しようとしてたの？

大正初期、労働運動が盛んになり、賀川は労働組合の代表として活動し、一日8時間労働制を提唱したんだ。余暇を自分のための時間とする「ワーク・ライフ・バランス」を実現しようとしたんだよ。

今でいうブラック企業が多かった時代に、先進的な考えを持っていたのね。

賀川は日本史上最大の労働争議といわれる川崎造船所・三菱造船所の労働争議でも指導役を務めて、労働者の待遇改善に奔走したんだよ。

第2章 防貧の巻

労働者の地位向上を目指して

日本では大正初期（1910年代前半）から、長時間労働など劣悪な環境にあえぐ労働者の地位向上を目指す労働運動が盛り上がっていました。当初、賀川は貧困問題を重視しており、労働問題にはあまり関心がありませんでしたが、のちにその考えを改めます。アメリカへ留学したとき、待遇改善を求める労働者たちのデモ行進を見て、貧困問題の解決には労働者が団結して待遇を改善していくことが大切だと気付いたからです（→p.34）。

神戸の川崎・三菱両造船所の労働争議を指導する賀川（右端・1921年）

アメリカから帰国後、1917（大正6）年から賀川は積極的に労働運動に関わるようになります。そして1919（大正8）年に、日本の草分け的な労働運動家だった鈴木文治らと「友愛会関西労働同盟会」を結成、理事長に就任し、労働組合運動を指導しました。

この頃、阪神地域では労働組合の結成が相次ぎ、労働争議が頻発していました。関東では過激な社会運動家の考え方が広まり、暴力的な行動で労働者の権利を勝ち取ろうとする思想が強まっていたのですが、賀川は暴力によらない運動の必要性を説きました。そのため、賀川はのちに"日本のガンジー"とも称されるようになります。

ワーク・ライフ・バランスに着目

　1919（大正8）年、神戸の川崎造船所で、労働者が賃上げなどの要求を経営者側に行いました。当時は10～12時間労働が普通でしたが、賀川は8時間労働制を提唱します。

　交渉の結果、川崎造船所は日本で最初の8時間労働制が導入されることになりました。当時の川崎造船所の社長・松方幸次郎が先進的な経営理念のもち主であったこともあり、実現されたのです。

　8時間労働制を提唱した賀川は、8時間働いて、余暇を自分のための時間とすることで、現在のワーク・ライフ・バランスを目指していたのです。

　しかし、労働者たちの理解は違いました。8時間労働制の下で従来通りの時間を働けば、超過分は時間外労働の手当になる。つまり、収入が増えるからありがたい、と考えたのです。そのため、せっかく8時間労働制を勝ち取っても長時間労働の実態は変わりませんでした。

日本史上最大の労働争議の指導者に

　1921（大正10）年6月に起きた労働争議は、川崎造船所の労働者約1万3,000人、三菱造船所の労働者約1万2,000人が参加する日本の労働運動史上、最大の規模となりました。三菱造船所は軍用潜水艦製造のため12時間労働制を敷いており、労働条件は非常に厳しいものでした。そのため労働者たちが待遇改善を求めて会社側と対立し、ストライキを起こしたのです。これに川崎造船所の労働者も加わりました。

　日本労働総同盟（かつての友愛会〔労働者団体〕が改称）の神戸連合会は労働者たちを支援する争議団を結成し、賀川が指導することになりました。争議団は会社側に交渉を求めましたが、川崎造船所の社長の海外出張などを理由に、会社側は交渉に応じようとしませ

んでした。そのため争議は泥沼化し、約4万人の労働者による大規模なデモに発展しました。

会社側はデモ鎮圧のために警察や軍隊に働きかけ、ついに憲兵が派遣されました。これ以上騒ぎが拡大すると潜水艦製造が危うくなるとして、国が鎮圧に乗り出したのです。軍隊が労働者を弾圧するという、あってはならないことが起きました。

知恵を使って取り締まりを逃れるが…

会社側の警察に対する要請でデモは禁止されましたが、賀川は知恵を使いました。デモに参加する労働者たちを神社に集め、参拝を装ったのです。当時は国家神道（こっかしんとう）が軍国主義の支柱となっており、警察や軍隊は神社参拝を取り締まることはできませんでした。

集まった労働者は約1万人。彼らは賀川の指導で神社へ参拝しては、次の神社へ向かって秩序を守って行進しました。しかし、一部の労働者が警官隊と衝突して大乱闘になり、双方重軽傷者多数、死者1名を出す惨事となりました。

この結果、争議の首謀者100人余りが騒乱罪で逮捕され、賀川も1カ月拘留されてしまいます。指導者を失った争議団は8月に敗北宣言を出し、争議は失敗に終わったのです。

この失敗と取り巻く情況の変化により、賀川は労働運動の一線から退くことになりました。

多くの消費組合を設立したのはなぜ？

消費組合は、その後の生活協同組合（生協）。生協は、自分たちの生活をより良くするために、生活者がお金を出し合って、助け合う組織だよ。庶民のくらしを守るためには、「助け合い」の仕組みづくりが必要だと考えたんだ。

何がきっかけで、その仕組みが必要と考えたのかな？

1918（大正7）年に米価の暴騰に苦しんでいた民衆が起こした米騒動を、軍隊が鎮圧するという事態が生じてね。それが、イギリスで生まれた「助け合い」の組織・消費組合を日本で設立する大きなきっかけになったんだ。
賀川はもともと、神戸のスラムで「自分たちの生活は自分たちで助け合って改善しよう」と呼びかけていたよね。

同じ年に２つの消費組合が神戸に誕生する

　米騒動後も、物価の高騰は続き、庶民の生活は苦しいままでした。その要因の一つに、問屋や商店が暴利をむさぼっていたことが挙げられます。そこで賀川は、消費者がお金を出し合って生産者から直接、物を仕入れ、適正価格で販売する消費組合を提唱します。

　そして、賀川は1920（大正9）年、大阪に消費組合「共益社」を設立しました。これは現在の職域生協です。

　神戸にも消費組合をつくろうと考えていた賀川は、川崎・三菱造船所の労働争議（→p.38）の指導を共にした、青柿善一郎から相談を受けます。その内容は「川崎造船所の中に消費組合をつくりたい」というものでした。それに対し賀川は、消費組合は職業や身分の違いを超えてつくることに意味があると説き、神戸の一般市民に呼びかけることを提案しました。そして賀川自身が何回も講演会を開き、消費組合設立について地域の人びとに訴えたのです。こうして1921（大正10）年に誕生したのが、「神戸購買組合」です。

　同じ年、神戸にもう一つの消費組合、「灘購買組合」が設立されました。同組合の発足は、那須善治が賀川を訪問したことがきっかけです。那須は事業で大成功を収め、手に入れた財産を社会に還元するよい方法を賀川に尋ねに来たのです。そこで、賀川は那須に消費組合の説明を行い、同組合の設立へと進んでいきました。

　それぞれ誕生した理由は異なりますが、神戸と灘の両組合は協力関係を続け、1962（昭和37）年に合併、「灘神戸生協」が誕生し、現在は「コープこうべ」になっています。

神戸購買組合（1920年代前半）

Question!

消費組合以外にも、協同組合の設立指導などをしたの？

Answer!

消費組合のほかに農民組合、医療組合、共済組合といった多種多様な協同組合を設立したり、その指導をしたよ。協同組合運動も労働運動と同様に、支援したんだね。

そんなにたくさん協同組合をつくって、賀川は一体何をしようとしていたのかしら？

賀川は、人びとが豊かに暮らせる理想の社会を目指していたんだ。でも、個人の力では限界があるから、生活者や農業従事者などがお互いに助け合う協同の精神による組合をつくることで、豊かなくらしを実現しようとしていたんだよ。

大学生協や信用組合の設立にも関わる

　賀川豊彦は数々の協同組合運動を指導し、設立を促しました。1920（大正9）年の大阪の共益社から始まり、1921（大正10）年に神戸購買組合と灘購買組合（→p.43）、1926（大正15）年、現在の大学生協の前身である東京学生消費組合、また1927（昭和2）年には、関東大震災の被災者支援（→p.54）をルーツに持つ江東消費組合が設立されていきます。

　また1928（昭和3）年、東京に設立された中ノ郷質庫信用組合も賀川の関東大震災の救援活動に端を発したものです。この信用組合は鍋や包丁など何でも預かり、安い利息でお金を貸す質店です。期日までに支払いができなくても品物の権利がなくならないよう、自分たちで質店を経営しようという趣旨でつくられた、庶民のための金融機関でした。さらに、医療事業を行う東京医療利用購買組合の設立にも関わっています（→p.77）。

江東消費組合が戦後行った米軍払い下げ品販売会（東協連『東京の生協運動史』から）

貧しい農村の救済に立ち上がる

　大正期の不況の影響で、農民、特に自分の土地をもたず、地主から土地を借りて農業に従事する小作人たちの貧困は深刻でした。賀川は農民救済のために1922（大正11）年に「日本農民組合」を発足させ、創立大会で「農は国の基であり、農民は国の宝である」と宣言し、農民運動を展開しました。

　日本農民組合が結成されると、賀川は全国各地を訪れ、農民組合の必要性を精力的に説いて回りました。行く先々で、多くの人が賀川の話に耳を傾けてくれたそうです。

▶消費組合以外にも、協同組合の設立指導などをしたの？

　賀川は、農民の貧困解決のためには、①小作料（小作人が地主に支払う地代）を次第に減らしていくこと、②小作人の耕作権を公認させる法律（小作法）を制定すること、③小作人に産業組合に加入してもらい団体で耕作を行うこと、④その産業組合による土地の管理、これらの4段階が必要だと考えていました。

　賀川は、川崎・三菱両造船所の労働争議を指導し（→p.38）、日本の労働運動の発展に大きく寄与しました。そのきっかけは、神戸の葺合新川のスラムでの救済事業（→p.31）にあったといわれています。スラムで暮らしていた人びとは、都市の底辺で生きる「労働者」であり、これらの貧しい人たちの大部分は農村の出身者でしたから、賀川が農民運動をけん引するようになったのも、労働運動と同様、スラムでの体験が影響していたのです。

協同組合による共済事業への取り組み

　賀川が次に取り組んだ事業は、協同組合保険（共済）でした。共済は、まさしく協同組合が大切にする「助け合い」を事業として具体化したものです。

　賀川は1934（昭和9）年から、連載小説『乳と蜜の流るゝ郷』の中で協同組合保険の重要性を説きました。しかし、1937（昭和12）年から始まった日中戦争などの影響もあり、なかなか実現しませんでした（→p.63）。

　終戦から2年後の1947（昭和22）年に農業協同組合法（農協法）が、翌1948（昭和23）年に消費生活協同組合法（生協法）、1949（昭和24）年に中小企業等協同組合法が成立し、協同組合が共済事業に取り組めることが各法律に明記されました（→p.64）。

　賀川は、農協の共済事業を行う全国組織（全共連）の設立に尽力、また、労働者のための共済、「全国労働者共済生活協同組合連合会」（労済連、現・全労済）の設立にも関わり、全共連と全労済の初代顧問に就任しました（→p.64）。そして1951（昭和26）年、日

本生活協同組合連合会（日本生協連）が結成され、初代会長になったのです。日本生協連は、1984（昭和59）年にＣＯ・ＯＰ共済の募集をスタート（全労済の受託事業としては、1979〔昭和54〕年に開始）、2009（平成21）年に共済事業を日本コープ共済生活協同組合連合会（コープ共済連）に譲渡しました。

豊かな生活には協同組合が不可欠

　賀川は著書『協同組合の理論と実際』（1946年、「復刻版」2012年）の中で、協同組合を人間の臓器などに例えています。

各協同組合	例えた臓器など
生産組合（生産者を主体として）	筋肉
消費組合（消費者を主体として）	消化器
信用組合（金融のために）	血行
販売組合（消費者と生産者の連携として）	呼吸
共済組合（利用厚生のため、共助互恵機関）	泌尿器
保険組合（組合員の将来に対する保証）	骨格
利用組合（各種の利用のために）	神経系統

　ちなみに販売組合とは、農産物や工業製品などを共同で販売する組合です。また、神経系統に例えられた利用組合は、電気、水、施設や医療などのサービスを、共同で利用する組合です。
　人体がこれらを一つとして欠いてはならないように、人びとの豊かな生活のためにはバラバラではなく、7種の協同組合がそれぞれの機能を果たしながらも、互いに結びつき合うことが大切だと、医学に詳しい賀川らしい言い回しで、協同組合の必要性を説いたのです。

第3章 友愛の巻

　友愛とは、人間全体を一つの家族として包み込む人間相互の兄弟愛のこと。
　賀川の活動は、アメリカでの講演から世界へと広がっていく。その中で生まれた「友愛の経済」。
　また、関東大震災が起こり、ただちに行動を起こした賀川の支援活動とは。
　いろんな活動をしてきた賀川が、大切にしていた「助け合いの精神」などについて学んでいくよ。

ルーズベルト大統領から
アメリカに招かれたんだって？

フランクリン・ルーズベルト大統領が、賀川にアメリカで講演してもらおうとしたんだ。

大統領からのご招待ってスゴ〜イ！賀川はそんなに有名人だったの？

賀川の著書は海外でも広く読まれていたし、キリスト教伝道者・協同組合運動の第一人者としても有名だったんだ。ところが、アメリカに着いたら入国拒否されてしまったんだ。

第3章 友愛の巻

招待されたのに入国拒否？

　1935（昭和10）年、賀川はフランクリン・ルーズベルト大統領（第32代、1933年〜1945年）の招きでアメリカを訪れ、各地で講演を行いました。もともとは全米キリスト教連盟が伝道者としての賀川を招待しようとしたのですが、政府関係者がその動きを知り、国賓級の扱いで国が招待しようということになったのです。

　このときの有名なエピソードがあります。賀川はスラムにいた頃からトラコーマを患っていました。トラコーマは当時「東洋で蔓延（まんえん）している重い眼病」と考えられており、実際、伝染性の角結膜炎（かくけつまくえん）だったため、シアトルの港に到着したときに、それを理由に検疫で入国を拒否されてしまったのです。

　賀川は検疫所があるエンジェル島に隔離されたため、困った同行者がホワイトハウスに電報を打ったところ、ルーズベルト大統領自身が閣僚会議で、三人の閣僚に必要な措置を取るように依頼しました。その結果、「看護師の帯同」「握手はしないこと」などいくつかの条件が付けられましたが、最終的に入国が許可されました。

賀川の講演でアメリカに3,000の協同組合が誕生

　ルーズベルト大統領が賀川をアメリカに招待した目的は、協同組合運動を推進するためでした。

　1929（昭和4）年、アメリカに端を発した世界恐慌が起きました。ルーズベルト大統領は経済復興を目指すニューディール政策を打ち出し、それまでの自由主義的経済を見直し、政府が市場経済に積極的に関与する政策を実現するため、協同組合を導入しようとしていました。そのためには協同組合運動の第一人者であり、著名なキリスト教伝道者でもある賀川に講演してもらうのが最適と考えたのです。キリスト教が広く信仰されているアメリカでは、伝道者はヒーロー的な人気がありました。

賀川はアメリカに約6カ月間滞在し、全州148都市で500回以上の講演を行いました。講演は全米にラジオ放送され、最終的に70万人以上が賀川の講演を聴いたとされています。
　この講演活動の影響もあって、アメリカでは約3,000もの協同組合が設立されることになるのです。

FBIに監視されていた

　賀川はアメリカ各地で熱狂的に迎えられました。このとき賀川を特に支持していたのは若い学生たちでした。こうした"賀川信奉者"の多くはのちに優秀な官僚となって、第二次世界大戦後、GHQ（連合国軍最高司令官総司令部）の一員として日本にやってきました。GHQの官僚たちだけでなく、連合国軍最高司令官のマッカーサー元帥自身も熱烈な賀川の支持者だったようです。
　戦後、賀川は日本の民間人として初めてマッカーサー元帥に招かれ、非公式ながら会談を行ったとされています（→p.73）。
　一方で、アメリカ国内にも賀川のことをよく思わない人たちがいました。特に小売店を営む商店主たちの間では「協同組合が広まったら商売に影響が出る」という考えが強く、アメリカ南部では賀川反対運動が起きました。
　また、FBI（連邦捜査局）は「賀川は、資本主義国家のアメリカと敵対する共産主義者ではないか」という疑念を抱いており、大統領に招待された客人であるにもかかわらず、監視を付けました。現在もFBIには賀川のアメリカでの活動に関する報告書が大量に残されています。

第3章 友愛の巻

アメリカでの講演で生まれた『BROTHERHOOD ECONOMICS』

　アメリカ講演旅行中、賀川はニューヨーク州のロチェスター大学で「Brotherhood Economics」と題した講演を行い、その内容が1936（昭和11）年に論文として出版されました。その際、発売前から3,000部もの予約が入ったといわれています。

　当時、『BROTHERHOOD ECONOMICS』は17言語に翻訳されて25カ国で出版され、世界中に大きな影響を与えました。その内容に特に深い感銘を受けたのはヨーロッパの人びとでした。この講演で賀川が説いたのは、キリスト教的な兄弟愛（友愛）に根ざした相互扶助の精神や、それに基づく協同組合の理想についてでした。それがヨーロッパなどのキリスト教を信仰する人びとにとっては非常に理解しやすいものであり、共感を得たのだろうと思われます。

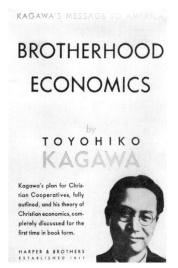

『BROTHERHOOD ECONOMICS』の表紙

関東大震災が起きたとき、すぐ神戸から駆け付けたんだってね？

Answer!

震災発生を翌日の新聞で知った賀川は、その日の午後には、神戸から船で横浜へ向かったんだ。当時の賀川は体調が万全でなかったんだけど、報道を見て、居ても立ってもいられなかったんだろうね。

関東大震災が起きたのは午前11時58分。ちょうど昼時だったので、火災による被害が多かったと聞いたわ。

そうだね。賀川が東京に着いたのは発災から4日目の夜。まだあちらこちらで炎が上がるなか、賀川は臨時震災救護事務局を訪ねて、現金や衣類が緊急に必要であることを聞き、すぐに神戸から送ることを約束したんだ。

第3章 友愛の巻

一時的な支援で終えてはならない

　関東大震災が発生したのは1923（大正12）年9月1日。神戸から駆け付けた賀川は、被災者を救援するため東奔西走します。

　いったん神戸に戻った賀川は仲間が集めた物資を東京へ送ります。さらに関西や中国、九州で連日連夜、講演会を開催し、震災で何が起きたか、どんな支援が必要かを訴えました。

　10月7日、再び上京した賀川は最も被害の大きかった江東地域を訪ね、被災者を救うには一時的な支援で終えてはならないと決心しました。本所区（現在の墨田区南部）本所松倉町に本拠地を置き、本格的な救援活動を開始。無料診療所を開設したり、当時の東京市や日本赤十字社と連携して牛乳や栄養食の配給、衣類・寝具の提供、法律相談などに当たっています。さらに賀川は、東京の各地で毎日のように講演会を開催し、そこで「東京は必ず復興する。今はつらいが一緒に助け合っていこう」と人びとを励ましました。

　のちの阪神・淡路大震災、東日本大震災や熊本地震などでも、被災者に寄り添うことの大切さがいわれました。賀川の支援はその実践であり、ボランティアの先駆者と称されています（→p.78）。

　救援活動は賀川の決意通り一時的なもので終わらず、本所での医療・教育・保育などの社会事業に受け継がれ、やがて中ノ郷質庫信用組合や協同組合保育園の光の園保育学校などに結実しました。

　東京・松沢村（現在の世田谷区の一部）の賀川宅の近くに住んでいた小説家・徳富蘆花は、賀川の奮闘を「この一年間のあなたの仕事は、人間業ではなかった。それは現代の奇跡」とたたえています。

本所松倉町で関東大震災の救援活動に集まった人びと（1923年）

Question!

賀川豊彦の思想がEC（EUの前身）に影響を与えたってホント？

Answer!

本当だよ。1935年から36年にかけて、賀川はアメリカとヨーロッパを訪問し、助け合いの経済（「友愛経済」）について講演した。その講演内容が『BROTHERHOOD ECONOMICS』という書名で発行されたことは、前に言ったね（→p.53）。

うん。その後、フランス語やスペイン語など17の言語に翻訳され、世界25カ国で出版されたんでしょ。でも、それがEUとどう関係があるの？

賀川が欧米の訪問を始めてから43年後の1978（昭和53）年、来日したエミリオ・コロンボ欧州議会議長が、賀川の友愛経済とECの理念の関係についてメッセージを寄せている。ECは現在のEUの前身。そこに、賀川の思想が流れていることが分かったんだ。

シューマン・プランと友愛経済の思想

　アメリカでの講演旅行を終えた賀川は1936（昭和11）年、ヨーロッパに渡ります。当時のヨーロッパは、第二次世界大戦前の緊張のただ中にありました。

　同年8月、賀川はスイスのジュネーブ大学で、アメリカでの講演と同様に、友愛経済を提唱します。

　友愛経済は、キリスト教的な隣人愛・兄弟愛などを大切にする友愛精神と経済を結びつけた賀川独自の理論で、協同組合を中心にした経済システムの必要性を訴えるものでした。そこには友愛経済で戦争を回避しようという思いも込められていました。

　しかし、時代は第二次世界大戦へと突き進んでしまい、おびただしい犠牲を残して1945（昭和20）年に終結します。

　そして、戦後の占領や賠償交渉が各地で進むなか、1950（昭和25）年、フランスの外務大臣ロベール・シューマンが、鉄と石炭の主要産地であるルール地方とザール地方を国際管理する「シューマン・プラン」を発表します。これらの炭田地帯はフランスとドイツの間で長く紛争の火種となっていた地域でした。戦後は戦勝国のフランスが占領していましたが、シューマンはこれをヨーロッパ各国で共同管理しようと提案したのです。

　このプランから1952（昭和27）年に生まれたのが欧州石炭鉄鋼共同体（ECSC）です。ECSCは1957（昭和32）年に欧州経済共同体（EEC）、1967（昭和42）年には欧州共同体（EC）として統合され、1993（平成5）年のEU誕生に至ります。

　1978（昭和53）年、元EC議長のコロンボ欧州議会議長が来日した際に、EC日本代表部が発行したニューズレターには、次のような記述があります。「競争経済は国際経済の協調と協力を伴ってこそ、賀川豊彦が提唱した友愛経済への方向に進むことができる」

　友愛経済の思想は、戦後、ヨーロッパ各国が争いを乗り越えてつくった共同体のなかに生き続けていたのです。

ユニセフの「子どもの最善の利益を守るリーダー」の一人よね？

ユニセフが1999(平成11)年12月に発表した「世界の52人」のなかの一人に選ばれたんだ。亡くなって40年近く経ってもなお、世界は賀川豊彦を忘れずにいたんだね。

『世界子供白書2000』で、「子どもの権利を推進するために政府や社会に積極的に働きかけた」と賀川の功績が紹介されていて、誇らしい気持ちになったわ。

賀川は次代を担う子どもに対し、常に大きな期待を寄せていた。自身がスラムで出会った子どもたちと接した経験もあって、子どもの権利が守られ、教育を受けられる社会づくりに懸命に努めたんだ。その功績が認められたということだね。

子どもの人格を認めその権利を提唱

賀川が子どもの権利に目を向けるきっかけになったのは、神戸のスラムで出会った子どもたちです。極貧生活のなか、教育を受ける機会さえ与えられていませんでした（→p.28）。

子どもたちの悲惨な状況に衝撃を受けた賀川は、子どもの保護と教育に力を入れます。日曜学校での歌やおとぎ話、遠足や海水浴などを通じて情操を育み、また関東大震災では救援テントに保育所を設け、被災した子どもの救援にいち早く当たりました。1924（大正13）年6月、賀川はスラムや震災の被災地での実践を基に、講演会で「子どもには食べる権利、遊ぶ権利、寝る権利、叱られる権利、夫婦げんかをやめてもらう権利、禁酒を要求する権利がある」と独自の考えを話しました。子どもの権利をうたった国際連盟のジュネーブ宣言が出る3カ月前のことです。賀川が早くから子どもを一個の人格と見なし、その権利を提唱していたことが分かります。

貧困から子どもたちを解放するには幼児教育が重要であると力説し、その実践の場として、東京の松沢幼稚園をはじめ多くの幼稚園・保育園をつくりました。また、子どもたちに自然の成り立ちの素晴らしさを伝えようと、元素記号の原子カルタや原子将棋、星座カルタ、海辺の様子が分かる潮だまりのジオラマなど、楽しく学べるさまざまな教材（幼児自然教案）をつくるなど、終生、子どもに温かいまなざしを注ぎました。

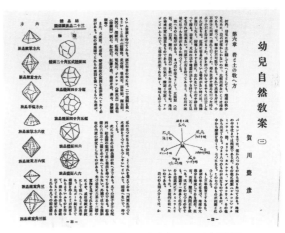

幼児自然教案（『雲の柱』〔1934年〕所収）

第4章 協同の巻

　協同とは、複数の個人や団体が心や力を合わせて同じ目的、共通の利益を守るために事にあたること。

　第二次世界大戦後、賀川は国際平和のための活動にさらに取り組むようになる。ここでは、賀川の平和に対する思いや助け合いの精神がどのように受け継がれているかを学ぼう。これは現在の、そして、未来のより良いくらしのためにも大事なことなんだ。

協同組合保険(共済)をつくろうとしたのはなぜ?

農村の貧しい人たちが、いざというときに経済的に困らないような仕組みを、協同組合の事業としてつくっておくことが必要だと考えたからだよ。

安い掛金で保障を提供し、貧しい家庭でも加入できることを目的としたのね。

賀川は「保険とはもともと互助的なもの。人間の人類愛的な思いから生まれ、それを形にしたもの」とも言っているよ。

第4章 協同の巻

失敗から成功へ　共栄火災海上保険の誕生

　昭和恐慌（1930～31年）が起きた頃、疲弊する農村の再生を担っていたのは、産業組合でした。同組合は1900（明治33）年公布の産業組合法によって設立された協同組合で、信用、販売、購買、利用の4種類の業種からなっていました。当初、産業組合では保険の事業を行うことは認められていなかったため、それができるよう政府に要求を続けますが、法律の壁を突破できずにいました。

　こうした状況を見ていた賀川は、小説『乳と蜜の流るゝ郷』のなかで、協同組合保険の重要性を書き記しています。産業組合大会では協同組合保険の実現を呼びかけることもあり、賀川が、産業組合が保険事業を行うことに共感を抱いていたことが分かります。

　そんななか、賀川の元に損害保険会社売却の情報が持ち込まれます。賀川はすぐに産業組合中央会の幹部にこの情報を伝え、買収するよう勧めました。産業組合は検討のうえ、極秘で買収計画を進めます。しかし、この計画が産業組合に反対する勢力に漏れてしまい、政治問題に発展してしまいました。1940（昭和15）年、ついに農林大臣の中止命令が出て、計画は白紙に戻ってしまいます。

　それでも産業組合はあきらめることなく、再び保険事業の可能性を検討します。そして大東海上火災保険株式会社と大福海上火災保険株式会社の2社を譲り受けることに成功し、1942（昭和17）年、産業組合の理念"共存同栄"にちなむ社名の、共栄火災海上保険株式会社の誕生に至ります。同社は産業組合と連携し、農山漁村を中心に保険事業を広げていきました。

設立当時、共栄火災海上保険株式会社が入居していた産業組合中央会館（東京市麹町区有楽町1-11）外観

▶協同組合保険（共済）をつくろうとしたのはなぜ？

熱意の交渉で勝ち取った農協法と共済事業

　1945（昭和20）年11月、賀川は戦前の協同組合の指導者と共に"協同組合は一つ"の信念のもと、「日本協同組合同盟」（日本生活協同組合連合会の前身）を結成します。日本協同組合同盟には都市部、農山村漁村を問わず、戦前の協同組合運動関係者が幅広く結集し、協同組合法の制定や協同組合保険の実現を目指して活動を始めました。

　1946（昭和21）年、賀川は当時の金融制度調査会に出席して協同組合保険の導入を主張します。金融制度調査会はこれを踏まえて、政府に「協同組合の保険事業」を答申。賀川が戦前から訴えてきた「協同組合で保険事業を」の願いは、実現一歩手前まできます。同年、金融制度の民主化の中で、「保険業法」の改正に合わせて、協同組合に保険事業を認めることが一度は文章になりましたが、その法案は流れてしまい、「協同組合保険」は実現しませんでした。

　そして、1947（昭和22）年、協同組合運動に携わっていた人たちに農業協同組合法（農協法）成立の知らせが入ります。農協法には、共済についての規定が盛り込まれていました（→p.46）。この「共済規定」は見舞金レベルを想定したものですが、むしろこれを根拠として、本格的な共済事業の実施を目指して、1948（昭和23）年、北海道共済連が設立されました。やがて、全国組織の「共済連」である全国共済農業協同組合連合会（全共連）創立の報告を受けた賀川は、「産業組合で実現できなかった協同組合保険が、農協の共済事業で実現できることになった」と喜びました。

　1951（昭和26）年7月の第1回全共連通常総会で、賀川は初代顧問に就きました。全共連の役員会議室には、「日本の再建は生命共済から　農村復興は農協互助組織による長期資金の獲得に始まる」という賀川の直筆の書が掲げられています。

第4章 協同の巻

大火の危機を乗り越えて誕生した全労済

　農協法に続いて、1948（昭和23）年に消費生活協同組合法（生協法）、1949（昭和24）年には中小企業等協同組合法が成立し、そのなかには「共済」についての規定が盛り込まれました（→p.46）。

　労働組合を中心とする共済活動は、労働者福祉運動の一つとしてスタート。1954（昭和29）年12月、大阪に労働者共済生協が誕生したことを皮切りに全国に次々と労済生協が誕生し、火災共済事業を開始します。特に新潟では労済生協が発足した1955（昭和30）年に、新潟大火が発生し、掛金収入以上の共済金の支払いが生じましたが、組合員が総力を挙げて取り組んだ結果、この難局を乗り越えました。

　大火での危機をきっかけに事業の全国組織化を求める声が上がるようになり、18都道府県の労済生協は1957（昭和32）年、「全国労働者共済生活協同組合連合会」（労済連、現・全労済）を結成しました。そして、翌1958（昭和33）年、労済連は正式に生協法に基づく法人として設立され、賀川が顧問に就きます。

　その18年後の1976（昭和51）年に全国の事業統合が実現し、略称が「全労済」となりました。

協同組合保険の実現は賀川豊彦の遺言

　日本生活協同組合連合会（日本生協連）は1979（昭和54）年、全労済の受託事業として共済事業を開始。1984（昭和59）年に独自の保障商品、CO・OP共済《たすけあい》の募集を始めます（→p.47）。

　1948（昭和23）年5月、賀川は東京・上北沢（かみきたざわ）の松沢（まつざわ）教会で、「遺言を述べておきたい」と前置きし、「協同組合保険の実現をお願いします」と話しました。その"遺言"は力強いメッセージとして保険・共済事業に携わる人びとの背中を押し、共栄火災やJA共済、全労済、CO・OP共済の事業が継続されています。

農村での活動から大きく成長した企業があるんだって？

世界的な精密機械メーカーや屈指のブランド力をもつ企業など、その歴史をたどると、さまざまな賀川の痕跡を見いだすことができるんだ。

大正、昭和初期の農村は貧困にあえいでいたんだよね（→p.45）。彼らの救済運動とは関係があるの？

戦前は「農民福音学校」を開いて冷害や貧困に苦しむ若い農民を指導し、戦後は農村に技術習得の場などを設けて若者を育てた。そこから多くの卒業生が羽ばたいていったから、深い関係があるよね。

第4章 協同の巻

「立体農業」を教えた「農民福音学校」

　1927（昭和2）年、賀川は兵庫県の自宅に「農民福音学校」を開き、全国から集まった農家の青年たちに、傾斜地が多い日本の農山村のくらしを良くするため、田畑農業、樹木農業と家畜農業を生態系のなかでうまく組み合わせた「立体農業」を教えます。農民福音学校はその後、北海道や山形、福島、香川など各地に広がっていきます。なかでも静岡県・御殿場の出身で、横浜で食肉の加工技術を学び、農民福音学校に関わった勝俣喜六は、群馬県畜肉加工組合に招かれてハムの製造技術を指導します。それが1938（昭和13）年に事業を開始した高崎ハム（現・JA高崎ハム株式会社）です。

　賀川は農村が豊かになるには現金収入の道を増やすことが大事だと考え、スイスの時計産業にヒントを得て、1946（昭和21）年、埼玉県・桜井村（現在の杉戸町）に農村時計製作所を設立します。また、家を継げない農家の二男・三男が手に職をつけることができるよう、農村時計技術講習所を開きます。これらは早々に経営が行き詰まってしまいましたが、講習所の卒業生が龍水時計（現・リズム時計工業株式会社）というメーカーを立ち上げます。同社の製造した時計は通産大臣賞に輝くほど良質で、賀川は国際協同組合同盟（世界の協同組合の連合組織。略称ICA）の東南アジア会議にこの時計を持参し、「これは日本の農民が作った時計だ」と自慢したそうです。

　また、賀川はデンマークの「三愛精神」を発展させた「神を愛し、隣人を愛し、土を愛す」という考え方を尊びました。その精神に共鳴した黒澤酉蔵が北海道酪農義塾（現・酪農学園大学）を開校します。黒澤は、北海道製酪販売組合連合会（現・雪印メグミルク株式会社）の創設者の一人です。黒澤との縁から同校の校歌は賀川が作詞し、息子の純基が作曲しました。

アインシュタインや湯川秀樹とも接点があったんだって?

そうなんだ。アインシュタインの来日は、賀川の『死線を越えて』の発行と関係しているんだ。また、湯川秀樹(物理学者)と賀川をつなげたのは、アインシュタインなんだ。

つながった3人には、共通して持っていた思いがあるわけよね?

3人は、世界から戦争をなくしたいと願っていたんだ。アインシュタインや湯川秀樹ら世界の科学者や政治家たちは第二次世界大戦後、二度と核爆弾を使わせてはならないと決意し、「世界連邦政府のための世界運動」(世界連邦運動)を始めたんだ。

第4章 協同の巻

アインシュタインの来日を実現した『死線を越えて』

　1922（大正11）年、世界的に著名な理論物理学者、アルベルト・アインシュタインが来日しました。賀川は、そのアインシュタインと会い、ヨーロッパの思想家や国際情勢などについて話をしているのです。

　そもそもなぜ、アインシュタインの来日が実現したのか？　それは、賀川の大ベストセラー作品『死線を越えて』の出版と大いに関係があります。発行元の改造社（かいぞうしゃ）は、同書の出版で多大な利益を挙げました。その利益を有効に使おうと、アインシュタインを日本に招くことを決めたのです。ノーベル物理学賞受賞者のアインシュタインの来日は、一般の市民も熱狂するほどのビッグニュースでした。

　来日したアインシュタインは、東京、仙台、京都、大阪などの都市を回って「相対性理論」について講演を行い、各地で熱烈な歓迎を受けました。神戸を訪れたアインシュタイン夫妻は、賀川や改造社の山本実彦（やまもとさねひこ）社長と共に海岸を散歩します。通訳を介しての会話でしたが、賀川はアインシュタインの人柄を「鳩（はと）のように柔和」と述べています。

　一方、アインシュタインは当日の日記に「山本と重要な若い社会主義政治家と神戸の漁村〈料理屋〉で昼食」と記しています。"重要な若い社会主義政治家" と評された人物は、もちろん賀川のことです。

　アインシュタイン来日という歴史に残る出来事が、賀川の書いた一編の小説の利益からもたらされたことを知る人は多くありません。しかし、賀川と改造社は、アインシュタインの来日を実現させた陰の功労者といえるでしょう。

世界連邦機構の樹立を提唱

　1945（昭和20）年8月6日午前8時15分、広島に原子爆弾が投

▶アインシュタインや湯川秀樹とも接点があったんだって？

下されました。このニュースを聞いたアインシュタインは「ああ、何たることだ！」と叫んだそうです。なぜならかつて、ドイツより先にアメリカが原爆を製造するよう、フランクリン・ルーズベルト大統領に進言したのは彼だったからです。

　原爆が実際に使用されたことに衝撃を受けたアインシュタインは同年、戦争回避のために、主権国家の集まりである国際連合以上の、国家を超えた権威や権限をもつ「世界連邦機構」の樹立を提唱します。1946（昭和21）年にはルクセンブルクで「世界連邦政府のための世界運動」が起きます。賛同者にはアインシュタインをはじめ、アルベルト・シュバイツァーやウィンストン・チャーチル（イギリスの元首相）などが名を連ね、世界へ広がっていきます。

　1948（昭和23）年、プリンストン高等研究所の客員教授に招かれた湯川秀樹に、同じ研究所にいたアインシュタインは、原爆投下について、「罪のない日本国民の皆さんには本当に申し訳ないことをした」と涙ながらに話しました。翌日には「このようなことが二度と起こらないよう、世界的な平和運動を起こそう」と語り合いました。そして、「日本では賀川豊彦が世界平和の運動をしているので、あなたも一緒に活動しなさい」と助言を受けたそうです。

　その賀川は終戦から4日後、東京・上北沢の松沢教会で戦争の罪をざんげし、世界連邦の建設を訴えました。9月27日には「国際平和協会」を結成し、「我らは新憲法の精神にもとづき世界平和に貢献せんとす」など4つの綱領を掲げました（→p.81）。

平和の願いを後世につなげる"伝道"

　1945（昭和20）年12月、衆議院議員の尾崎行雄（当選回数や議員勤続年数などの記録を有し、「議会政治の父」と呼ばれた政治家）が「世界連邦建設に関する決議案」を国会に提出しました。戦前から平和主義・国際主義を唱えていた尾崎にとって悲願ともいうべき法案でしたが、このときは占領軍の承認が得られず、実現しませんで

した。

　当時、「世界連邦政府のための世界運動」の本部（スイス・ジュネーブ）には、アインシュタイン来日時の通訳、稲垣守克(いながきもりかつ)がいました。稲垣はアインシュタインの応援を受け、日本で「世界連邦建設同盟」をつくるよう提唱します。一方で湯川秀樹の妻・スミは、尾崎行雄に手紙を書き、世界連邦建設同盟の会長就任を依頼しました。

　こうして、広島に原爆が落とされてから3年後の1948（昭和23）年8月6日、日本の世界連邦建設同盟が発足（→p.81）。会長に尾崎行雄、副会長に賀川豊彦、理事長に稲垣守克が選ばれ、活動を開始したのです。

　また賀川は、世界連邦建設運動の充実を図るため、当時の衆議院議長に国会議員の参加を働きかけます。議員間にも「戦争のない世界を実現しよう」という気運が高まり、1949（昭和24）年、政党の枠を超えた104人の議員たちによる「世界連邦日本国会委員会」が結成されました。同委員会は、日本で一番古い超党派議員連盟で、多くの国会議員が名を連ね、2005（平成17）年には「世界連邦国会決議」を実現させています。

　賀川は雑誌に連載した子どもたち向けの読み物でも、「人を憎んだり、恨んだりせず、きょうだいが仲良くして平和な世界を実現しよう」と訴えています。

　世界連邦建設運動は、平和の願いを後世につなげようとする賀川のメッセージだったのです。世界各地で科学者や政治家、文化人が世界連邦建設に動き始めたとき、日本に賀川や尾崎ら強い信念をもつ人びとがいたことは、大変幸いなことだったといえます。

世界連邦アジア会議（1952年）

 **uestion!**

ノーベル賞候補だったのよね？

A nswer!

1947年と48年には文学賞、1954年、55年、56年には平和賞候補となっていたんだ。

賀川は、いろんな分野で世界で高い評価を受けていたのね。

賀川は戦前から、世界中で伝道や講演活動をしていたから、むしろ海外で有名だったんだよね。ダグラス・マッカーサーも賀川のことをよく知っていて、自ら連合国軍最高司令官総司令部（GHQ）に招いたんだよ。

第4章 協同の巻

非公式にマッカーサーに招かれる

　終戦から間もない1945（昭和20）年8月26日、賀川豊彦は当時の総理大臣・東久邇宮稔彦から要請を受け、内閣参与となりました。同月30日に、『読売報知』新聞に「マッカーサー総司令官に寄す」という文章を寄稿します。その中で賀川は、日本人は天皇に対する忠誠心に厚い国民であること、この日本人の特質を生かして、日本人が今後の世界平和に貢献するために、広い心で統治してくれるよう訴えました。

　同じ頃、賀川は連合国軍最高司令官のダグラス・マッカーサー元帥から東京のGHQ本部に招かれています（→p.52）。賀川は戦前から何度もアメリカで講演を行っており、国際的な伝道者として尊敬されていました。マッカーサーはわざわざ階下の入口まで賀川を出迎え、見送りもしたといわれています。

　非公式の私的な会談とされ、会談録は残っていませんが、マッカーサーは賀川に「天皇制」をどうすべきかを尋ねたそうです。それに対し賀川は、昭和天皇が玉音放送（終戦を告げるラジオ放送）を行ったので国民は一斉に銃を投げ捨てたが、もし閣下（マッカーサー）が天皇に戦争責任を負わせるようなことがあれば、日本人は最後の一人まで閣下に対して抵抗をやめないであろう、というような内容の話をしたといわれています。

ノーベル平和賞候補となりながら受賞を逃す

　賀川は戦前から、平和主義を貫き通してきました。日露戦争中に中学生だった彼は、軍事教練の授業で銃を持って行進することを拒否し、教官に殴られたというエピソードがあります。また太平洋戦争開戦直前まで、キリスト教平和使節団の一員としてアメリカに渡り、日米平和のための講演をしたり、当時の近衛文麿首相とフランクリン・ルーズベルト大統領との会談実現などのために尽力してい

▶ノーベル賞候補だったのよね？

ました。
　戦争中は、南京(ナンキン)大虐殺を謝罪する発言を憲兵にとがめられ、逮捕されたこともありました。賀川は、平和主義者ゆえに憲兵から目をつけられていたのです。
　しかし太平洋戦争中、アメリカ軍の兵士が、日本軍兵士の頭蓋骨(ずがいこつ)で作ったペーパーナイフをルーズベルト大統領に送ったというニュースを知ると、これを非人道的な行為として軍のラジオを通じて糾弾したり、東京大空襲などの大規模な爆撃を、一般市民を多く巻き込む無差別なやり方として非難したりしたことが、のちにGHQの一部の人に「日本軍の政策に協力した」と受け取られてしまいました。
　それでも賀川は、戦前に行ったスラムでの救貧活動や、その後の労働運動・協同組合運動・農民運動などの社会運動、関東大震災時の被災者支援活動、また、海外における伝道・講演活動、戦後は内閣参与となって復興に尽力したこと、世界連邦建設運動でも役割を果たしていることなどが認められ、1954（昭和29）年〜56（昭和31）年の３年間、ノーベル平和賞の候補者となりました。しかし、戦時中のアメリカ批判の言動が日本軍への戦争協力と受け取られたことが、受賞に至らなかった理由といわれています。

ノーベル文学賞候補にもなっていた

　賀川は戦前から、農民や漁民、労働者など一般市民が平和で健全な生活ができるよう、伝道や各種組合の創設に尽力してきました。その考えを広めるために各地で講演し、たくさんの著作物も残しています。こうした活動は国内にとどまらず、アジアや欧米各国も訪れ、数多く講演しています。また講演した国では賀川の著書が翻訳され、広く読まれていました。
　スウェーデンの神学者クヌート・ベルンハルド・ヴェストマンは、賀川のスラムでの生活を自伝的に描いた『死線を越えて』や、

第4章 協同の巻

　続編の『太陽を射るもの』『壁の声きく時』、貧困のため苦しい生活を送る農村の若者が協同組合活動に目覚めて生活を改善する『乳と蜜の流るゝ郷』、農村振興や友愛の精神をうたった『一粒の麦』、詩集『涙の二等分』の6作を挙げ、賀川を1947（昭和22）年のノーベル文学賞に推薦しました。推薦状には「賀川は伝道者であり、組合運動家であり、社会改革者でありながら、詩や散文について紛れもない文才を有している、現代文学において異例の存在である」と記されています。

　しかし、ノーベル委員会の評価は「賀川の理想主義的人間性は高く評価するが、その著作においては作家としての大きな資質を見ることはできない」というものでした。賀川の著作は、貧しく苦しい立場の人たちが活動に目覚め救済されていくストーリーが多く、文学というよりは物語を通じて活動を促す意図がありました（→p.37）。また自身の経験を基にしたドキュメンタリー的な面もあったことなどが、文学性が低いと評価された一因と考えられています。

　続く1948（昭和23）年にも、スウェーデン人の地理学者・中央アジア探検家で、スウェーデン・アカデミーの会員でもあったスヴェン・ヘディンによって、賀川はノーベル文学賞に推薦されましたが、新しい翻訳が出ていなかったこともあり、新たな評価が加わることはありませんでした。

医療組合だけでなく、
国民健康保険制度もつくったの？

医療組合の設立を推進したのは賀川だよね（→p.44）。貧しくて医者にかかれない農村の人びとも診察してもらえるようにするために医療組合を立ち上げた。また、貧しい人が医者にかかれる仕組みも提唱したんだ。

それが現代も続いている社会保険の国民健康保険制度ってわけね？

国民健康保険は公的な制度だから、賀川がつくったという言い方はできないけれど、賀川が必要性を政府に訴え、そののちに制定されたのだから、やはり"生みの親"といえるかもしれないね。

第4章 協同の巻

退任の日に医療組合を認可

　世界大恐慌が起きた翌年の1930（昭和5）年、日本でも農村の人びとは貧困に苦しんでいました。病気になっても、貧しくて医者に診てもらえない状況を知っていた賀川は、医療組合を立ち上げるべきだと考え、その必要性を説くため、全国各地を回りました。

　さらに、医療組合病院の第1号を東京に建てる計画を進めながら、「東京医療利用購買組合」を立ち上げます。代表には、のちに五千円札の肖像となる新渡戸稲造が就任しました。しかし、この組合設立に対する東京府の認可は、なかなか下りませんでした。自分たちの利益が侵害されるとして、医師会が妨害をしたためです。

　1932（昭和7）年、当時の藤沼庄平東京府知事は、こうした妨害を回避するため、自らが府知事としての責任を担う最後のタイミングである退任の日に、東京医療利用購買組合を認可しました。

国民健康保険制度の導入を訴える

　東京医療利用購買組合認可の年に、念願の組合病院・新宿診療所（現在の東京医療生協新渡戸記念中野総合病院）が開設されると、賀川は医療費の負担を軽くすることが必要だと考えました。みんなが払った保険料を積み立て、誰かが病気になったときはそれを治療費に充てるという、相互扶助の制度の実現を政府に訴え続けました。

　政府は国民健康保険制度の検討を始め、1938（昭和13）年に国民健康保険法が成立しました。それまで工場と鉱山の労働者に限られていた公的な医療保険制度の被保険者の範囲が、国民の多くを占める、農村の人びとを含む一般市民にも広がったのです。ただ、当時の国民健康保険は任意加入で、しかも医療費の自己負担分が高く、貧困層には十分な制度ではありませんでした。しかし、その後の全国民が加入する国民皆保険へとつながるこの制度の成立に果たした賀川の役割は、大きかったといえるでしょう。

Question!

関東大震災の被災地支援で
大切にした思いは、
今も引き継がれているのよね。

Answer!

賀川の思いや被災者支援の方法は、時代が変わっても大切なことがたくさんあるんだ。

90年以上前の思いや支援の方法が、今も引き継がれているというのがすごいわね！

賀川の功績は多岐にわたっているけど、出発点はすべて、弱い立場の人たちもみんなが幸せに暮らせるようにという思いは一貫しているよね。

「被災地に生協あり」

　関東大震災の発生を翌日、神戸で知った賀川豊彦は、その日のうちに横浜行きの船に飛び乗り、東京に向かいました（→p.54）。被災地で必要とされているものが分かるとすぐ神戸に戻り、古着や薬品などを東京へ送ります。

　賀川は西日本で40回も講演会を開いて義援金を募り、支援物資を集め、それらを持って再び東京へ。被災地では無料の診療所を開設し、物資の配給や行方不明者の調査などを行いました。

　賀川は当時から「ボランティア」という言葉を用い、日本にボランティアという言葉を根付かせた人といわれています。

　時は移って1995（平成7）年、阪神・淡路大震災が発生。このエリアで事業・活動を行うコープこうべの本部が全壊し、約500億円もの損害を出すなど、兵庫県内の生協も大きな被害を受けました。このとき、ただちに全国の生協から役職員が駆け付け、被災者や事業再開の支援をしました。

　コープこうべは、ボランティアセンターを設置し、救援物資の調達、炊き出し、さらには遺体の安置・搬送に至るまで多岐にわたる活動を行い、この模様は『東京新聞』で「被災地に生協あり」と大きく報じられました。

　その後の東日本大震災や熊本地震などでも同様の支援活動が行われました。

　このような生協の活動には、賀川の精神が息づいていることを物語っています。

阪神・淡路大震災で被災地を訪問して活動する
コープこうべ・協同購入センターの職員

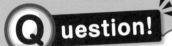

賀川豊彦は、世界平和に向けた強い思いがあったのよね。

まず、終戦直後に、国際平和協会という組織を創設したよね。これは、戦争をなくし世界が平和に発展していくためには、世界を一つの国家として捉える「世界国家」を目指すべきだという考えからきているんだ。

戦争がなくならない現代にも必要な考えね。

世界連邦運動協会や、政党の枠組みを超えた超党派の国会議員による世界連邦運動国会委員会として今も続いているよ。

第4章 協同の巻

国際平和協会の創設

　賀川豊彦は戦争の罪悪を反省し、これから目指すべき方向は世界国家の建設にあることを説いていました（→p.71）。1945（昭和20）年8月26日、東久邇宮稔彦首相からの要請で、国家再生のために内閣参与を引き受けた賀川は（→p.73）8月30日、『読売報知』新聞紙上で、過去の歴史において戦争で疲弊した国家と国民を立て直したのは協同組合運動にほかならなかったという世界の例をいくつも挙げ、国際的な協同組合の設立を提唱しています。

　さらに、東久邇宮の資金援助のもと「国際平和協会」を創設し、以下を綱領として掲げました。
　①世界平和への貢献
　②侵略戦争の根絶と軍縮の実現
　③協同組合的精神による国際的恒久平和の徹底
　④人間活動を通じた人類相愛互助の実現

　また、この協会の活動の一部は「世界連邦建設同盟」（現・世界連邦運動協会）として活動の幅を広げることになりました。「世界連邦」とは世界のすべての国家を統合した平和のための組織で、この世界連邦アジア会議が1952（昭和27）年、広島で開催され、賀川は議長を務めました。

　この会議では、原子兵器（核兵器）の製造・使用の禁止、軍備全廃を目標とした軍縮、差別の撤廃と基本的人権の確立などが採択されました。

　1954（昭和29）年、賀川は、世界連邦の成立を目指す国際的な非政府組織である世界連邦世界運動副会長に就任。また、翌年には、戦後、韓国と国交が断たれたままとなっていることを憂い、アメリカ留学時の同窓であった当時の韓国大統領・李承晩に宛てた文書を『毎日新聞』（1955年12月8日付）に掲載して返書を受けるなど、平和のための取り組みを盛んに行いました。

Question!

戦後も日本の協同組合運動をけん引したのよね？

Answer!

賀川は、生協以外の協同組合運動の指導者とも話し合い、一つの組織にまとめるために大きな役割を果たしたんだ。

どうして一つの組織にまとめる必要があったの？

賀川は助け合いの精神から成り立っている協同組合が、戦後の復興に欠かせないと考えていたんだ。一つにまとまれば、より多くのことを実現できる可能性が広がるからね。

第4章　協同の巻

協同組合経済こそが平和への道

　賀川豊彦は、世界を一つの協同組合経済とすることでしか世界平和はもたらされないと主張しました。例えば、戦時中に政府は配給制度を導入し、そのため、すでにあった消費組合（生協）は解散させられましたが、それは一部の組織に独占が公認される最悪の資本主義でした。公認された会社が配給物資をかすめ取り、闇に流して莫大な富を蓄積したのです。また、闇で買い物をしない正直な人たちは飢え、闇で買おうとする人たちが農村や漁村にあふれる事態となりました。これらの原因を、賀川は「協同組合を組織しないため」と主張しました。戦時中も協同組合が機能し続けた英国をはじめ欧州では、このような事態にはならなかったとして、「これをもってみても、協同組合運動がいかなる恐慌をも突破、克服することを知ることができる」と言っています。

日本協同組合同盟が発足し賀川は初代会長に

　終戦後、焼け出された人びとは焼け跡に建てられた仮設の建物（バラック）で雨露をしのぎ、闇の物々交換でその日暮らしを強いられていました。政府は配給を遅欠配させているにもかかわらず、闇経済を取り締まりました。我慢の限界を超えた人びとが自衛のために立ち上がった運動の一つが「米よこせデモ（運動）」でした。
　その頃、戦前から消費組合を設立し、日本国内のみならず海外においても協同組合経済の有効性を説き続けてきた賀川のほかに、戦前から協同組合を率いてきた社会運動家の山本秋、農民運動指導者の鈴木満洲雄らも、個々に活動し始めていました。
　これらのそれぞれの協同組合運動に、政治的な思想の違いはありましたが、日本全体のためには分裂してはならないという意識がお互いにありました。その結果、賀川を議長とする「協同組合運動再建懇談会」が開かれ、何回か会合を重ねていくうちに日本協同組合

> ▶戦後も日本の協同組合運動をけん引したのよね？

同盟の結成が決まりました。そして、終戦後間もない1945（昭和20）年11月、「日本協同組合同盟」が発足し、初代会長となったのが賀川でした。創立方針大綱には、この同盟が国民の各層から共鳴者を募り、協同組合の普及と拡大を進める母体となることがうたわれ、また当時、設立された生協の指導なども行いました。日本協同組合同盟は政党の枠組みを超え、会員の政治的意見も自由な組織でした。農民運動や労働運動の分野でも、同じような統一路線が模索されましたが、暴力的で過激な運動の推進を考える者と、議会で政策を決めていく議会主義を唱える者の対立などから、結局統一されなかったことを考え合わせると、協同組合の統一は画期的だったのです。

全国の生協の連合会組織・日本生協連を創立

この同盟はすべての協同組合を包括する組織として発足しましたが、その後、農業協同組合法（1947年）、消費生活協同組合法（1948年）、水産業協同組合法（1948年）が個別に成立し、それまでの産業組合法は廃止されました。このため、日本協同組合同盟は当初の全協同組合の指導組織という構想から離れ、生活協同組合の連合会組織という位置付けになりました。そして、1951（昭和26）年、日本協同組合同盟は解散し、「日本生活協同組合連合会」（日本生協連）が創立されました。

創立宣言には、「平和と、より良き生活こそ生活協同組合の理想であり、この理想の貫徹こそ最大の使命であ

東京大学102号教室で行われた日本生協連創立総会
（1951年3月）

る」と述べられています。この創立宣言の平和志向は、賀川の意志が色濃く反映されたものです。

そして、平和宣言では、国際協同組合同盟（世界の協同組合の連合組織。略称ICA）が世界の協同組合運動者に平和への決意と行動を訴え、平和経済体制の確立に努めているという方針を堅持し、日本生協連も生協運動を通じて世界平和と勤労大衆の生活擁護のために闘うことが誓われました。

賀川は、引き続き日本生協連の会長に就任。各生協の経営指導、人材育成、研究などに取り組みました。そして、翌年には、念願だったICAに加盟し、世界の協同組合との連帯を強めていきました。

その後の賀川豊彦

賀川は、1955年（昭和30）年に心臓が衰弱して、2週間の入院を余儀なくされました。晩年の賀川が行った社会事業は、規模こそ戦前のものに比べると小さくなりましたが、さまざまな課題を解決するため、なおも多様な取り組みを続けています。例えば、賀川全国委員会という社会事業のための組織を立ち上げ、複数のスラムを救済するためのセンターや託児所、農民学校、母子寮、更生者の社会復帰訓練所の開設など、39もの事業を行っています。

また賀川は、子どもたちが戦後の日本を担うという信念から、学校を開校するなど教育の復興にも取り組みました。

賀川は牧師として精力的に活動しながら、協同組合や農業についても講演をし続けたのです。

1959（昭和34）年、賀川は徳島へ伝道に向かう途上で倒れますが、病床から内乱中のインドネシア国民に、平和を願うメッセージを送るなどしました。1960（昭和35）年4月23日、賀川は71歳の生涯を終えましたが、亡くなる直前まで平和への祈りを続けていたといいます（→p.25）。

●さらに学びたい人へ

ここまで一緒に賀川豊彦について学んでくれて、お疲れさま。
賀川のことをもっと知りたいと思った人には、手に入りやすい本や、賀川に関する資料を収蔵して展示している施設を紹介しよう。

入手しやすい書籍

協同組合の理論と実際

- ●日本生活協同組合連合会
- ●1,000円＋税
- ●お問い合わせ　TEL：03-5778-8183

終戦から間もない1946（昭和21）年に出された本を復刻したもので、賀川が運動をけん引した協同組合について分かりやすく説明した、新書判の手軽に読める一冊だよ。

賀川豊彦 著作選集 全5巻

第1巻『死線を越えて（上・中）』
第2巻『死線を越えて（下）／空中征服』
第3巻『一粒の麦／乳と蜜の流るゝ郷』
第4巻『キリスト兄弟愛と経済改造／少年平和読本／他』
第5巻『賀川豊彦随筆集』

- ●一般財団法人　アジア・ユーラシア総合研究所
- ●第1巻〜第4巻 3,600円＋税・第5巻 3,000円＋税
- ●5巻セット販売特価 15,000円（税・送料込み）
- ●お問い合わせ　TEL：03-5413-8912

2017年から18年1月までに配本された賀川の著作集。読むのは少し大変だけど、この本でも紹介した賀川の小説や講演録を中心にまとめてあるよ。

賀川豊彦関係資料収蔵施設一覧

賀川が活動を行ったゆかりの場所には、賀川の資料を集めた施設があるよ。興味のある人は利用してみよう。

■ 鳴門市賀川豊彦記念館

住所：〒779-0225　徳島県鳴門市大麻町桧字東山田50－2
TEL：088-689-5050　FAX：088-689-3808
URL：https://www.kagawakan.com/

■ コープこうべ協同学苑史料館

住所：〒673-0592　兵庫県三木市志染町青山7－1－4
TEL：0794-85-5500　FAX：0794-85-5528
URL：http://www.kobe.coop.or.jp/kouza/kyodogakuen/index.html

■ 社会福祉法人 イエス団 賀川記念館

住所：〒651-0076　兵庫県神戸市中央区吾妻通5－2－20
TEL：078-221-3267　FAX：078-221-0810
URL：http://www.core100.net/

■ 一般財団法人 本所賀川記念館

住所：〒130-0005　東京都墨田区東駒形4－6－2
TEL：03-3622-7811　FAX：03-3622-7812
URL：http://honjo-kagawakinenkan.c.ooco.jp/

■ 賀川豊彦記念松沢資料館

▶90ページの【監修者】を参照

おわりに

　現在日本では、JA、生協、漁協、森林組合、労働者協同組合、中小企業の協同組合、協同組合の金融機関など、多くの、そしてさまざまな種類の協同組合が人びとのくらしや仕事に関わって活動しています。私たちが把握しているだけでも、協同組合数は約4万、組合員数は6,500万人に上ります。
　また、世界中で協同組合の組合員は10億人といわれています。国際協同組合同盟（ICA）に加盟する会員組織の国の数は、2016年に100を超えました。
　このように、日本のみならず世界で、多くの、そしてさまざまな協同組合がそれぞれの地域に根を張り、人びとの切実なニーズや願いを実現し、よりよい社会を築いていく取り組みは今も広がり続けています。

　こうした協同組合の源流の多くに賀川豊彦が関わっていることが、本書を読んでよく理解いただけたと思います。
　神戸神学校に通いながらスラムに移り住み、救貧活動を開始した賀川は、防貧の必要性を感じ、労働運動への関わりを経て、協同組合に可能性を見出します。そして、購買組合、信用組合、医療組合、協同組合保険（共済）などさまざまな協同組合の設立や拡大に関わりました。
　助け合いの組織である協同組合について、賀川は「単なる機械的な組織ではなくして精神運動である」と説き、加えて「私は、協同組合運動は、こうした隣保愛・互助相愛の精神的基礎を持たねばならぬと思う。この隣人を愛する精神が組織を生かし、組織はいよいよ強大になって団結を生み、あらゆる理想の実現となっていく」とも述べています。そして賀川は、7種の協同組合（生産・消費・信用・販売・共済・保険・利用）が必要であり、これらが一体となれば、大きな活動に発展できると考えました。さらに、国家もまた協

同組合を基礎として形づくられるべきであること、そうした国家同士が協同組合精神によって互いに結ばれることで世界平和が実現することを展望しています。

　このように、私たち日本の協同組合には、隣人愛に基づく助け合いを基盤として世界平和に至る壮大な賀川の理想が込められています。

　私たちは今、少子高齢化、貧困や格差、若者の就労、地方の活力低下、災害からの復興など、さまざまな、そして深刻な課題に直面しています。
　そうしたなか、2016年7月の国際協同組合デーにあたり、国連の潘基文事務総長（当時）が「協同組合は誰一人取り残さないという持続可能な開発目標（SDGs）の原則を体現している」と述べ、また同年11月の「協同組合の思想と実践」のユネスコ無形文化遺産登録に際して、ユネスコが「協同組合は共通の利益と価値を通じてコミュニティーづくりを行うことができる組織であり、さまざまな社会的な問題への創意工夫あふれる解決策を編み出している」と述べたように、協同組合は高く評価され、その力の発揮が求められています。

　今、賀川の理想を確認し、それに勇気づけられながら、隣人愛・助け合いという協同組合の精神を基盤に、協同組合同士がより強く結び付き力を合わせ、直面する課題を克服し、よりよい社会を築いていく取り組みを、皆様とともにさらに進めていきたいと思います。

2018年1月

　　　　　　　　　　　　　　　日本協同組合連絡協議会（JJC）

　　　　　　　　　　　　　　　　　　委員長　中家　徹

【監修者】

賀川豊彦記念松沢資料館

〒156-0057 東京都世田谷区上北沢3-8-19
TEL：03-3302-2855　FAX：03-3304-3599
E-mail：office@unchusha.com
URL：http://zaidan.unchusha.com/

開館日	火～土曜日（祝日も開館）
開館時間	10:00～16:30（入館は16:00まで）
休館日	日曜日、月曜日、夏期、年末年始 （月曜日が祝日の時は翌火曜日が休館）
入館料	一般　　　　　　　　　　　300円 小・中・高校生・障がい者　200円 シニア（65歳以上）　　　 200円

【構成】

筑波君枝・野田陽子・早坂恵美・松浦啓子

賀川豊彦（かがわとよひこ）「助け合いの社会」を目指した功績を知る

[発 行 日] 2018年1月26日　初版1刷
　　　　　　2018年4月15日　初版2刷

[検印廃止]

[監 修 者] 賀川豊彦記念松沢資料館
[編　　者] 日本生活協同組合連合会
[発 行 者] 和田寿昭
[発 行 元] 日本生活協同組合連合会
　　　　　　〒151-8913　東京都渋谷区渋谷3-29-8　コーププラザ
　　　　　　TEL. 03-5778-8183
[制作・印刷] 株式会社 晃陽社

Printed in Japan
本書の無断複写複製(コピー)は特定の場合を除き、著作者・出版者の権利侵害になります。
ISBN978-4-87332-338-1　　　　　　落丁本・乱丁本はお取り替えいたします。